AI와 외국어 말하기

인공지능총서

인공지능 시대입니다. 기계가 인간의 인지를 대신하고, 사물이 인간을 통하지 않고 다른 사물과 직접 커뮤니케이션합니다. 이에 따른 인간 삶과 문명 변화를 정확히 이해 · 예측 · 대응하는 것은 이 시대 우리 모두의 과제입니다. 인공지능총서는 인공지능 기술과 환경의 여러 주제를 10가지 키워드로 정리합니다. 관련 개념과 이론, 학계와 산업계의 쟁점, 우리 일상의 변화를 다룹니다. 인간과 기술의 현재, 미래를 세심히 분석합니다.

일러두기

- 인명, 작품명, 저서명, 개념어 등은 한글과 함께 괄호 안에 해당 국가의 원어를 병기했습니다.
- 외래어 표기는 현행 어문규정의 외래어표기법을 따랐습니다.

처음이세요?

전문가세요?

AI와 외국어 말하기

박소연

대한민국, 서울, 커뮤니케이션북스, 2025

AI와 외국어 말하기

지은이 박소연
펴낸이 박영률

초판 1쇄 펴낸날 2025년 8월 4일

커뮤니케이션북스(주)
출판 등록 2007년 8월 17일 제313-2007-000166호
02880 서울시 성북구 성북로 5-11
전화(02) 7474 001, 팩스(02) 736 5047
commbooks@commbooks.com
www.commbooks.com

ISBN 979-11-7307-0392-8 03500

책값은 뒤표지에 표시되어 있습니다.

차례

인공지능 시대 외국어 학습을 통한 인간 고유성의 재발견

끊임없이 쏟아져 나오는 인공지능(AI) 프로그램들은 인간 지성의 터전을 잠식하려는 거친 파도일까, 아니면 앞으로 나아가게 하는 바람일까. AI로 인해 인간의 고유한 자질과 특성을 상실할지도 모른다는 우려의 목소리가 많다. 그러나 AI라는 거대한 물결 속에서 시대를 역행하는 선택을 하기보다는, 그것과 공존할 수 있는 영역을 살피고 AI와 변별되는 인간의 고유성을 진화시키는 방향으로 나아가는 것을 선택하는 것이 더 현실적일 수 있다.

인간이 AI와 변별되는 고유성은 인간 본연의 다층적 은유로부터 나오는 창의적 사고와 상징적 사고(symbolic thinking)에 있다. 그리고 정서적 공명과 진정성 있는 유대를 느끼고, 불완전한 정보 속에서 '육감'을 활용하여 경험 기반의 직관적 통찰을 하는 것에 있다. 또한 존재론적인 성찰을 통해 명상이나 기도와 같은 영적 체험으로부터 자아 정체성과 삶의 의미를 탐구하는 것 또한 인간만이 가진 고유한 자질이다.

이와 같은 인간의 고유성은 단순히 정보를 이해하거나 전달하는 수준을 넘어 추상적이고 비유적인 의미를 창출하고 해석하는 고차원적인 인지 과정을 포함한다. 이는 인간의 언어와 사고 전반에 깊이 스며들어 개인의 감정이나 경험, 사회문화적 관습 및 배경 속에서 언어를 통해 이해되고 표현된다. 인간의 고유한 특성이 사회 구성원으로서의 개인 삶과 공동체적인 삶을 성찰적으로 돌이켜 자정적으로 진화할 수 있도록 하는 것이다. 결국 인간 본연의 고유 자질을 통해 스스로를 이해하고 타인과의 진정성 있는 관계 형성으로 공감과 연대로 나아갈 수 있는 가능성을 열어 가는 것은 매우 중요한 과제다.

인간의 상징적 사고와 AI 기반 외국어 학습

추상적 개념을 통해 새로운 의미를 창조하고 현실을 재구성하는 인간의 고유 능력은 AGI(Artificial General Intelligence)조차 완전히 모방할 수 없는 인간 정신의 핵심이다. 특히 언어와 같은 상징(sign)은 인간 사고를 매개하는 도구로서 이미지, 소리, 동작 등을 병행하여 은유적으로 연상하며 기억과 이해를 촉진하는데, 이는 인간이 단순 암기로 언어를 습득하는 것이 아니라 창의적 사고를 자극하고 다양한 의미망 속에서 유기적으로 연결하며 언어를 체득한다는 것을 의미한다. 그리고 개인은 사회적으로 구성된 도구와 기호를 통해 세계를 이해하고 문제를 해결하기 때문에 상징과 은유가 가지는 문화적 함의로 언어 습득 과정에서의 의미 공유와 창조 행위를 이끌어 낸다. 창의적이고 상징적인 사고로써 문자적 의미뿐만 아니라 언어 속에 숨겨진 의미, 유사 표현, 문화적 배경에 대한 이해를 심화하여 언어 능력을 향상시킬 수 있는 것이다.

이에 대해 AI는 대규모 언어 모델과 방대한 언어 말뭉치를 바탕으로 인간의 복잡한 비유적, 상징적 언어를 더 이해하기 쉽게 해체해 추상적 의미를 효과적으로 습득할 수 있도록 한다. 역설적이게도 인간의 상징적 사고와 고유성을 AI라는 도구를 통해 심화 확장할 수 있는 것이다. 예컨대 외국어 말하기 학습에서 상황 맥락에 맞는 용례를 연습하고 개인화된 학습을 통해 두려움 없이 시행착오를 겪으며 창의적 시도를 해 볼 수 있다. 그 과정에서 목표 언어의 문화적 상징과 복합적 의미를 이해하고 다양한 담화 표현을 학습하며 청자의 공감을 이끌어 내는 문화 간 의사소통 능력을 함양할 수 있다. 이는 다양한 문화권을 배경으로 하는 문화 간 의사소통 상황에서 더욱 의미 있게 AI를 활용할 수 있다는 것을 시사한다.

외국어 이해 및 사용에 국한된 단순한 기능 훈련 과정이 아닌, 보다 의미 있는 접근에서 문화 간 의사소통 능력을 함양하며 세계 시민으로서 요구되는 역할 또한 훈련할 수 있게 된 것이다.

외국어 학습의 핵심적 기반, 성찰적 자아 정체성과 삶의 의미 탐구

문화 간 의사소통 상황에서 외국어 학습자는 자신의 모국어가 아닌 낯선 언어를 접하면서 새로운 사고 체계와 가치관을 경험하게 되는데, 이때 대부분의 학습자가 경험하는 것은 어색함, 낯섦, 이질적 배타성에 기반한 불편한 감정이다. 그러나 서로 다른 언어와 문화를 가진 대화 참여자는 원활한 문화 간 의사소통을 위해 기존의 자아 정체성과 세계관으로부터 자유로워질 필요가 있다. 자기 자신을 낯설게 바라보며 중립적인 관점에서 상대방의 언어와 문화를 수용할 준비를 갖출 필요가 있는 것이다.

다른 문화의 언어를 배우고 사용하는 과정은 자문화 틀 밖에서 자신을 객관적으로 바라보고 자신의 자아 정체성과 세계관을 새롭게 재인식하며 재구성하는 계기를 마련하는 과정이다. 타 문화와의 상호작용으로 자신이 속한 공동체, 문화적 정체성, 개인의 존재 가치를 다시금 성찰하며 자신의 존재를 반성적으로 돌이켜 보는 정체성 전환(identity shift)이 필요한 것이다. 이는 외국어 학습이 단지 기능적 목표를 이루기 위한 행위에 그치지 않고 세계 시민으로서 자아에 대한 깊은 통찰과 자기 이해, 그리고 자신을 둘러싼 주변 세계에 대한 이해를 심화시키는 과정이라는 것을 의미한다.

이때 AI는 인간에게 창의적 언어 산출 과정을 보조하거나 공감적 소통의 데이터를 제공하여 인간의 내면과 외부 세계를 더 깊이 이해하고 탐구할 수 있도록 돕는다. 특히 대면 상황에서 인간과 소통하는 것과 유사한 대화형 인공지능으로 학습자가 직면하는 언어적, 문화적 상황 속에서의 표현과 반응을 심도 있게 훈련할 수 있다. 왜 그와 같은 표현을 사용하는지, 특정한 상황에서 왜 그러한 반응을 보이는지 등과 같은 질문을 통해 의사소통 과정에서의 언어 문화적 이해를 깊이 있게 이끌어 낼 수 있다. 또한 언어 정체성, 문화 정체성 형성과 관련해 학습자의 문화적 인식과 변화 가능성을 메타인지적으로 파악하고 대처할 수 있다. 인간의 창의성, 비판적 사고, 정서적 공감, 문화적 직관, 성찰적 메타인지를 끊임없이 심화하고 확장할 수 있는 혁신적 도구로 AI를 활용할 수 있게 된 것이다.

외국어 학습의 근본 목적, 진정성 있는 소통과 정서적 공명

외국어 학습에서 의사소통은 언어적 표현이나 정보 전달의 차원을 넘어 타자와의 관계를 형성하고 정서적 공감과 유대감을 갖출 수 있도록 한다. 의사소통의 본질은 상대방의 감정과 의도를 파악하여 적절한 반응을 보이는 것과 함께, 진정성 있는 교류와 정서적 공명을 전제하기 때문이다. 이는 인간 본연의 고유 자질로서 지속적으로 개발되어야 하는 중요한 요소다.

이러한 측면에서 문화 간 의사소통(intercultural communication) 상황에서 발생할 수 있는 오해와 갈등은 외국어 학습에서 주요하게 다루어야 할 주제다. 문화 간 의사소통 상황에서 발생하는 오해와 갈등은 주로 상대방 문화의 관습이나 가치관에 대한 인식 부족과 정서적 공감 부족에서 비롯되는 경우가 많다. 그렇기에 상대 문화의 사회적 규범, 의사소통 습관, 비언어적 신호를 민감하게 이해하고 존중할 수 있는 상호문화적 감수성이 뒷받침되어야 한다. 정서적 공감을 통한 진정성 있는 교류가 이루어지기 위해서는 상호문화적 이해와 존중, 협력적

소통을 목표로 한, 공감적 역량과 정서적 소통 능력 증진에 주목할 필요가 있다. 이는 단순 언어 능력 향상에 초점을 맞춘 외국어 학습과 다른 접근이다.

이에 보다 실용적인 측면에서, AI를 활용해 문화적으로 민감하거나 복잡한 사회적 상황을 간접적으로 체험하고, 자신과 다른 문화적 배경을 가진 상대방의 감정을 파악하며 공감적으로 소통하는 능력을 기를 수 있다. 특정 문화권에서 용인되는 적절한 표현과 언어 표현을 경험적으로 학습할 수 있도록 도움을 받을 수 있는 것이다. 그리하여 문화적 맥락에서 발생하는 의사소통 문제를 예방하고 해결하는 데 중요한 역량을 기를 수 있는 기회를 얻을 수 있다. 언어 습득 효율성뿐만 아니라 상호문화 능력과 성숙한 사회적 관계 능력을 개발하는 데 도움을 받을 수 있다.

물론, AI에도 문제점으로 지적되는 한계가 존재한다. 그러나 외국어로 대화하는 과정에서 다양한 문화적 맥락의 정서를 경험하고 목표 문화의 표현 방식을 자연스럽게 익히며, 언어를 통해 정서적 교감을 할 수 있는 토대를 마련하는 과정은 교육적 효용성이 크다. 외국어 습득 성공에 국한되지 않은, 인간 본연의 정서적 공명과 진정성 있는 유대 형성으로 나아갈 수 있는 대화 과정을 AI

와 함께 만들어 간다는 것은, AI를 통해 인간의 진화를 촉진할 수 있는 좋은 기회가 될 수 있다. 다만 그것이 AI로 인한 인간 고유성의 상실이 아니라 인간 본연의 고유 자질을 진화시키는 공존의 행보가 되었을 때 의미가 있다. 장밋빛 미래를 그려 나가기 위한 끊임없는 인간의 '성찰'이 인공지능 시대를 살아가는 우리에게 필히 요구되는 또 다른 능력이 되는 것이다.

참고문헌

한지우(2024). 『더 퍼지, AI 시대 누가 미래를 이끄는가』, 미디어숲.

01
AI와 언어 학습의 새로운 패러다임

AI 기술이 언어 학습의 새로운 패러다임을 제시하고 있다. 특히 학습자 중심으로 설계된 AI 기술은 대화형 외국어 학습 환경을 제공해 실질적인 의사소통 능력을 강화하고 학습자의 자기 주도적 학습을 지원한다. 이는 실전 대화 기회 부족, 어휘 · 문법 중심 학습의 문제 등 기존 학습의 한계를 극복하며, 대화 설계를 통해 구어 의사소통의 기본 구조를 학습자 중심으로 재구성할 수 있도록 한다.

AI와 1인 창업?

'경험'으로서의 외국어 학습

외국어 학습의 1차적인 목표는 단순히 문법과 어휘를 암기하는 것이 아니라 원어민과 실제 의사소통할 수 있는 언어 사용 능력, 즉 의사소통 능력을 증진하는 데 있다. 의사소통 능력은 언어를 지식적인 측면에서 '아는 것'에서 더 나아가 상황 맥락에 맞게 언어를 '사용하는 것'을 의미한다. 즉 문법, 어휘와 같은 언어적 요소에 치중하는 전통적인 외국어 학습 방법이 아닌, 외국어를 실제로 사용하는 '경험'으로서 사회언어학적 능력(sociolinguistic competence), 담화 능력(discourse competence), 전략적 능력(strategic competence)을 포괄한다. 이는 제2언어 습득 과정에서 학습자의 언어 생산 활동, 즉 말하기, 쓰기와 같은 언어 표현이 중요하다고 보는 '출력 가설(Output Hypothesis)'과 맞닿아 있다.

출력 가설은 입력뿐만 아니라 학습자가 실제로 언어를 사용하고 생산하는 것, 즉 출력이 충분히 이루어질 수 있을 때 제대로 된 언어 습득이 이루어질 수 있다고 보는 입장이다. 학습자의 현재 언어 수준(i)보다 한 단계 더 나아간 'i+1' 수준에서의 '이해 가능한 입력(Comprehensible input)'이 언어 습득의 필수 조건이기는 하나, 학습자가 출력할 수밖에 없는 '강요된 출력(pushed input)' 또한 수반되어야 한다고 본 것이다. '상호작용 가설(Interaction Hypothesis)'도 단순한 입력보다는 대화 참여자들이 서로를 이해하기 위해 의미 협상(negotiation of meaning)을 하는 상호작용 과정에서 더 효과적으로 언어 습득이 촉진된다고 보았다. 학습자가 대화 상대방과 상호작용하며 입력을 조정하고 피드백을 받는 과정이 중요하다고 본 것이다. 이는 언어 습득 과정에서 학습자의 능동적인 역할과 상호작용의 기회가 중요하다는 것을 함의한다. 결국 외국어 학습에서 사용 중심의 접근이 필수적으로 이루어져야 하며, 학습자의 실제 사용 능력 강화를 위해 원어민 수준에 준하는 대화 상대방과 제2외국어로 의사소통하는 경험을 다양하게 제공하는 것이 중요하다는 것을 보여 준다.

학습자 중심의 대화형 외국어 학습 환경

언어 표현 영역 중 '말하기'는 몸짓, 표정과 같은 비언어적 행위와 함께 음성 언어(oral language)를 매개로 이루어진다. 특히 말하기는 중복성, 축약형, 발화 속도, 억양 등과 관련한 특징이 두드러지게 나타나는데, 말하기 행위 자체가 청자를 전제로 이루어지므로 듣기 상황을 배제할 수 없다. 따라서 화자와 청자가 말하기/듣기를 상호작용적으로 양방향 활동 속에서 수행할 때, 메시지의 송신자와 수신자 간에 상호 교섭적(transactional) 과정이 일어난다. 이는 곧 '대화'로서 화청자 간 상호작용적 규칙, 즉 협상, 명료화, 신호에 대한 주의, 말차례, 화제 지정 등에 대한 고려로 나타난다. 이에 대해 외국어 학습자들은 화자와 청자의 역할을 번갈아 가며 대화 참여자로서 외국어 습득 능력을 향상시킨다.

그러나 외국어 '말하기'는 학습 환경과 자원의 한계로 인해 실질적인 의사소통 능력을 기르는 데 어려움이 있었다. 실전 연습의 기회 부족 문제, 정확성에 국한된 학습 경향, 개별 학습자의 요구 불충족 등의 제한점이 존재했던 것이다. 이들은 모두 언어 지식을 실제 의사소통 상황에서 원활하게 사용하게 하는 문제와 직결되어 있다. 따라서 학습자가 머릿속에 축적한 언어 지식을 실제로 활용 가능한 언어로 전환해, 주어진 상황 맥락에 맞게 담화를 구성하고 조직하는 '담화 구성 능력'을 향상시킬 수 있도록 교육적 제반 환경이 갖추어질 필요가 있다. 학습자가 배운 내용을 충분히 내재화하는 시간이 주어지고, 학습 내용 및 주제에 대한 심층적 이해, 상황 맥락에 맞는 확장적 연습 과정이 충분히 이루어질 필요가 있는 것이다.

그럼에도 여전히 많은 교실 현장에서는 학습자가 학습한 내용을 다양하게 확장하고 활용하는 데 제약이 있다. 특히 교수자의 명시적 설명과 학습자의 단순 교체 연습 이후, 학습자가 배운 내용을 토대로 대화 연습을 충분히 할 수 있는 시간이 부족한 경우가 대부분이다. 학습자에게 제공되는 교육은 주로 교재와 교수자의 제한된 자원 내에 국한되어 교수자 중심의 집중적인 이해와 연습을 학습자에게 일방적으로 요구하는 경우가 적지 않다. 이는 학습자가 자발적으로 수업에 참여하여 실제성(authenticity)에 근거한 대화형 외국어 연습을 충분히 하기 어렵다는 것을 시사한다. 이와 같은 외국어 학습 환경에 대한 고민은 언어 구사의 정확성, 유창성, 적절성을 균형 있게 향상시킬 수 있는 환경에 대한 고민으로 이어진다.

이에, 오늘날 새롭게 등장한 대화형 인공지능은 실용적인 상황 대화 연습, 학습자 중심의 언어 경험 학습을 가능하게 한다는 점에서 주목받고 있다. 학습자가 자신의 학습 과정을 스스로 조절할 수 있는 환경을 구축할 수 있게 된 것이다. 또한 여러 다양한 대화형 학습 조건을 설계하여 실제 대화 상황과 유사한 경험을 하면서 학습자의 강점과 약점을 스스로 파악할 수 있게 되었다. 이는

AI 기반 개인별 맞춤형 학습 자료와 활동을 통해 학습자의 외국어 의사소통 능력을 강화할 수 있게 되었음을 의미한다. 아울러 학습자는 AI를 활용하여 언어적 자신감과 표현 능력을 키움으로써 인지적, 정의적 측면에서의 교육적 효용성을 기대할 수 있게 되었다.

참고문헌

김선정 외(2010). 『한국어 표현 교육론』, 형설출판사.

전은주(1999). 『말하기·듣기 교육론』, 박이정.

Hymes, D. H.(1972). On communicative competence, In J. B. Pride. & J. Holmes(Eds.), *Sociolinguistics*, pp. 269–293, Penguin.

Long, M. H.(1996). The role of linguistic environment in second language acquisition. In Ritchie, W. & T. Bhatia(Eds.), *Handbook of Second Language Acquisition*(pp.413–468), Cambridge, MA: Academic Press.

Krashen, S. D.(1982). *Principles and practice in second language acquisition*, Oxford: Pergamon.

Krashen, S. D.(1985). *The input hypothesis: Issues and implications*, New York: Longman.

02
몰입형 멀티모달 언어 경험

텍스트, 음성, 비디오 등 다양한 매체를 활용한 몰입형 학습은 학습자가 언어를 다각적으로 경험할 수 있도록 한다. 멀티모달을 통한 언어 경험은 외국어 활용 능력을 보다 실제성에 근거하여 향상시키고 학습자의 기억과 언어 처리 능력을 강화한다는 이점이 있다.

AI와 MBTI?

멀티모달을 활용한 몰입 학습

멀티모달 접근법을 활용한 몰입형 학습은 학습 성과, 만족도, 동기 부여에 긍정적인 영향을 미친다. 학습자가 대화 상황 맥락에 깊이 몰입하여 실질적인 언어 사용 능력을 향상시킬 수 있기 때문이다. 특히 AI 기반 외국어 학습에서 시각적 정보(이미지, 영상)와 언어적 정보(음성, 텍스트)의 상호작용적 활용은 학습자의 인지적 부담을 줄이고 학습 효과를 극대화한다.

멀티모달(multimodal)은 텍스트, 음성, 이미지, 영상 등의 다양한 양식(modaility)을 바탕으로 정보를 입력 및 표현, 통합함으로써 유용한 정보를 얻을 수 있게 한다. 예컨대 영화라는 매체는 영상, 음성, 텍스트의 여러 양식적 정보들을 조합하여 이야기를 엮어 내는 콘텐츠다. 여러 감각 경로를 자극하여 재미있는 이야기를 대중에게 제공하는데, 이와 같은 멀티모달은 단일 감각이 아닌 여러 감각 경로를 통합적으로 정보 처리한다는 점에서 단일 양식보다 풍부하고 종합적인 경험을 제공한다.

이러한 멀티모달이 최근 인공지능 발전과 데이터 확보 기술로 '멀티모달 생성 AI(Munltimodal Generative Artificial Intelliigence)'로 진화했다. AI 모델이 텍스트, 음성, 이미지 등 다양한 유형의 정보들을 결합해 새로운 정보나 콘텐츠를 생성하고 구성하며 조작하는 능력을 갖출 수 있게 된 것이다. 이에 따라 텍스트 기반의 이미지 검색, 음성 대화 인터페이스, 멀티모달 콘텐츠 생성 등 콘텐츠를 활용한 문제 해결 지능형 시스템이 가능해졌다. 이는 기존 인공지능이 텍스트, 이미지, 음성 등 하나의 입력 방식으로 작동한 것과 달리, 텍스트와 음성뿐만 아니라 제스처, 시선, 표정, 생체 신호 등 여러 입력 방식을 받아들이고 사고할 수 있게 되었다는 것을 의미한다. 이는 곧 인간과 AI가 보다 실제에 가깝게 자연스러운 의사소통을 할 수 있게 되었다는 것을 내포한다.

특히 멀티모달로부터 가능해진 감각의 상호 보완성은 단순히 정보 전달에 그치지 않고 텍스트나 음성만으로는 전달하기 어려운 상황적 맥락과 비언어적 요소를 실제 상황과 같이 시뮬레이션할 수 있게 한다. 멀티모달 언어 학습 환경의 도입으로, 보다 생생한 의사소통 상황을 실제성(Authenticity)에 근거해 구현해 낼 수 있게 된 것이다. 이에, 의사 소통 상황에 대한 인지적 측면뿐만 아니라 대화 참여자로서 표현할 수 있는 느낌, 감정 등을 비언어적 요소를 통해 여러 감각의 복합적 작용으로 활용할 수 있게 되었다. 이는 입력 정보에 화자의 표정과 음성 특징을 결합하여 감정 분류나 음성 결과물을 생성하는 멀티모달 생성 AI의 결과물로 구체화된다. 음성 합성 분야는 딥러닝 기술의 발전으로 보다 정확하고 빠르게 얼굴 표정 인식 기술(시각)과 음성 특징 인식 기술(청각)을 개발했고, 화자의 음성과 함께 표현되는 입 모양, 눈 깜빡임 등과 같은 비언어적 요소들을 표정의 정보로 결합해 대화 참여자의 '감정'을 분류할 수 있게 되었다.

이러한 측면에서 멀티모달 외국어 학습은 단순히 문자와 음성으로만 상황 대화 연습하는 것에 제한되지 않고 가상의 인간인 디지털 휴먼(Digital Human)과 상호작용할 수 있다는 기대감을 갖게 한다. 디지털 휴먼은 사용자와의 상호작용 데이터를 기반으로 점진적 행동 패턴을 최적화하여 맥락적 인식 학습을 할 수 있다. 고도로 사실적인 아바타로서 감정 표현과 자연스러운 대화를 하면서 사용자의 언어 경험을 향상시킬 수 있는 것이다.

이처럼 인간과 유사한 디지털 휴먼을 활용한 외국어 학습 과정은 상호작용적 실재감을 경험하게 하고, 보다 흥미로운 학습 과정으로 나아갈 수 있게 한다. 특히 표정, 제스처 등의 비언어적 행위와 함께 실시간으로 응답 가능한 AI 기반 멀티모달 외국어 학습은 학습자의 몰입도 높은 학습 환경을 조성한다. 기계와의 상호작용에서 느꼈던 부자연스러움이 멀티모달 학습 환경의 도입으로 보다 자연스러워지면서, 실제 원어민과 대화하는 것과 유사한 효과를 갖게 된 것이다. 이로써 학습자는 목표 언어와 함께, 실제 의사소통 과정에서 필히 수반되는 감정 표현, 비언어적 행위를 동시에 학습함으로써 보다 확장적인 언어 경험을 할 수 있게 되었다.

몰입형 인공지능 활용 효과

AI와의 외국어 대화 연습을 몰입적 환경에서 활용하는 것은 단순히 기술적 도구 활용에 국한되지 않는다. 행위적 의사소통 기술 향상과 함께, 학습자의 인지적, 정의적 참여도를 높이며 몰입감을 강화하는 효과를 가진다. 특히 학습에서 필요한 인지적 몰입은 도전과 능력의 조화, 구체적인 피드백, 자신이 하고 있는 과제에 대한 통제감, 명확한 목적, 행위와 의식의 통합 요인들을 활용할 수 있게 하는데, 이는 AI 기반 몰입형 학습으로 획득 가능하다. 또한 재미와 즐거움을 느끼는 자기 목적적 경험, 과제에 대한 집중, 시간 감각의 왜곡 등 정의적 몰입도 경험할 수 있다. 인지적 측면뿐만 아니라 정의적 측면에서도 학습 동기를 강화할 수 있는 것이다.

이러한 학습 몰입은 학습자의 '발화 동기'를 강화하여, 학습자 스스로 '대화 목적'을 명확히 인식하고 화자의 발화 의도를 대화 주제와 의미 있게 연결함으로써 담화를 유의미하게 구성할 수 있도록 한다. 그리고 학습자는 대화 목적과 맥락에 대한 이해를 바탕으로 자신의 생각을 분명하게 표현하고 능동적으로 대화 내용을 재구성해 나갈 수 있다. 이는 AI와의 상호작용 속에서 주어진 대화 상황과 목적을 비판적으로 사고하며 자신의 언어적 표현을 '조정'하려는 노력과 관련된다. 대화 참여자로서 AI와 대화를 구성해 나갈 때 패턴, 규칙화된 언어 지식을 단순히 주어진 내용에 따라 기계적으로 나열하며 표면적인 담화를 단선적으로 구성하는 것이 아니라, 실제 대화 상황과 유사하게 원어민과 상호작용할 수 있는, 대화 목적과 발화 의도의 심화된 이해로 조정되는 과정을 연습할 수 있게 된 것이다.

이처럼 실제적인 맥락에서 풍부하고 다양한 언어 학습의 기회를 갖는 것은 실제 원어민과의 대화를 하는 것과 같은 의사소통 경험을 제공한다는 측면에서 교육적 효용성이 크다. 인지적, 정의적 측면에서 실전 대응력을 강화하는 몰입형 학습 환경에 따라 언어 사용이라는 행위적 결과에 긍정적으로 임할 수 있게 되기 때문이다.

또한 AI 기반 몰입형 학습은 단순히 복잡한 언어 지식을 설명하는 방식이 아니라 정보를 여러 경로로 분산 처리하여 학습자에게 '직관적'이고 실제적인 맥락에서 학습 기회를 제공한다. 이는 감각적인 측면에서 학습자의 인지적 과부하를 줄여 줌으로써 학습자가 능동적으로 학습에 몰입할 수 있도록 한다. 그리고 멀티모달 기반 몰입형 학습 환경은 외국어 학습에서 필요한 시각적, 언어적 정보를 상호작용적으로 종합해 제공함으로써 텍스트 기반 학습보다 더 깊이 있고 지속적인 학습을 할 수 있도록 한다. 이는 학습자의 기억력과 이해력 강화에 직결되어 학습 성취 수준에 영향을 미친다. 인지적, 정의적 측면에서도 참여도를 높여 학습 동기를 고취시키고 실제 환경과 유사한 맥락에서의 몰입을 통해 실질적인 문제 해결 능력과 실전 대응력을 향상시킨다. 이처럼 다양한 양식의 정보를 학습자가 학습 자료로 활용하는 것은 전반적인 언어 학습 능력을 증진한다.

참고문헌

김희삼 외(2021). 인공지능 영어 말하기 프로그램의 효과성 분석, 한국교육방법학회, 《교육방법연구》 33권 3호, 563-588.

박소연(2024). 대화형 인공지능을 활용한 대화 연습 모형 개발 – 메타인지적 반성적 경험을 중심으로, 우리말글학회, 《우리말글》 102집, 275-308.

한옥영(2022). 멀티모달 적용의 교육 효과 및 만족도 분석,

한국컴퓨터교육학회, 《컴퓨터교육학회논문지》 25권 5호, 37-45.
홍정한 · 변형균(2024). 『멀티모달 생성 AI 인사이드』, 한빛미디어.

03
개별 맞춤형 학습 지원

AI는 학습자 개인 수준과 학습 스타일에 맞는 맞춤형 학습 전략을 제공한다. 이에 학습자는 자신의 학습 속도 및 방향을 조절하면서 자기 주도적으로 학습할 수 있다. 또한 교사는 현 교실 상황에 맞게 보완적으로 학습자 맞춤 개별 학습을 지원할 수 있다. 이는 외국어 말하기 학습에서 학습자에게 필히 요구되는 정확성, 유창성, 적절성의 기능 향상뿐만 아니라, 유의미한 담화 조직 및 대화 구성으로 실효성 있는 외국어 학습 경험을 제공한다.

AI와 난임 극복?

자기 주도적 학습의 강화

자기 주도적 학습(self-directed learning)은 학습자가 자신의 학습 과정을 스스로 계획하고 실행하며 평가하는 능력을 말한다. 자기 주도적 학습이 가능한 학습자는 자신의 학습 목표를 설정하고 학습 전략을 선택하며, 학습 결과를 평가 및 피드백 받으면서 자신의 학습 방식을 개선해 나갈 수 있다.

자기 주도적 학습 능력을 갖추기 위해서는 정의적 측면에서 자기결정성의 학습 동기를 갖고, 인지적 측면에서 메타인지를 활용할 수 있어야 한다. 특히 자기 결정성의 학습 동기에서 학습자 스스로 외재적, 내재적 동기를 갖기 위해서는 자율성에 기반한 자기 결정 정도가 높아야 한다. 또한 학습 활동 계획, 학습자 자신의 학습 능력 인식, 학습 과정을 성찰하는 메타인지 전략을 적극적으로 사용할 수 있어야 한다. 이는 자율성, 메타인지, 학습 간의 상호작용적 관계가 매우 중요하다는 것을 의미한다. 유의미한 자기 주도적 학습 능력 향상을 위해 자기 결정성의 학습 동기와 메타인지가 뒷받침되어야 하는 것이다.

이러한 측면에서 자기 주도적 학습은 AI를 기반으로 보다 실효성 있게 이루어질 수 있다. 우선, AI는 시간과

장소라는 물리적 제한에 구애받지 않고 학습자가 자신의 학습 속도와 방향을 조절하며 외국어 학습을 할 수 있도록 한다. 이에 학습자는 자기 주도적으로 다양한 상황 맥락 속에서 실제에 가까운 말하기 연습을 할 수 있다. 또한 자기 능력 수준에 맞게 학습 환경을 설정하여 자신에게 필요한 학습 내용부터 순차적으로 학습할 수 있다. 학습자 스스로 동기를 부여하며 학습 효과를 극대화할 수 있는 것이다. 이처럼 AI 기반 개별 학습 경로 설정과 맞춤형 피드백을 통해 자기 주도적 학습 능력을 향상시킬 수 있다.

이러한 긍정적 학습 경험은 다수의 학습자를 한번에 교수 지도해야 하는 교사들에게도 보완적인 교수-학습 방법이 된다. AI를 통해 수준별 맞춤 학습이 개별적으로 이루어질 수 있기 때문에 집단적인 교육 환경에서 해결하지 못한 개인 학습 과정에서의 맹점을 부분적으로 보완할 수 있다. 이는 학습자가 숙지해야 할 학습 내용과 교수자의 교육 내용을 직접적으로 연계해 학습자의 학습 능력 인식을 향상시킨다. 외재적 동기로서 학습 동기를 부여함으로써 자기 주도적 학습이 이루어질 수 있도록 하는 것이다. 이와 같이 AI 기반의 개별 맞춤형 학습은 교사뿐만 아니라 학습자에게 새로운 교육 환경의 가능성을 열어 준다. 그리고 무엇보다도 학습자에게 자기 주도적 학습 능력을 향상시켜 학습 동기 및 학습 성취를 고양한다는 데 교육적 가치가 있다.

맞춤형 말하기 학습 전략

외국어 말하기 교육은 실제 의사소통 상황에서 정확성, 유창성, 적절성에 따라 원활하게 상호작용하는 것을 목표로 한다. 언어의 정확성, 유창성, 적절성은 단독으로 기능하지 않고 상호작용하며 담화 구성 능력을 형성하는데, 외국어 학습에서 학습자가 실제 의사소통 상황에서 원활하게 상호작용하려면 이 세 가지 기본 요소를 균형적으로 통합할 수 있어야 한다. 즉 정확성으로 오류를 최소화하여 의미 전달의 명료성을 높이고, 자연스러운 대화 흐름을 유지하여 상호작용을 원활하게 함으로써 유창성을 확보하며, 상황과 청자에 맞는 표현을 선택함으로써 담화(discourse)의 구조와 흐름을 적절하게 구성할 수 있어야 한다.

이에 따라 학습자는 AI를 활용해 단순히 어휘와 문법을 문장 수준에서 발화 생성하는 것에 그치지 않고 정확성, 유창성, 적절성을 고려해 전체적인 담화 수준에서의 의사소통 능력을 함양할 수 있다. 학습자 스스로 자기 주도적으로 대화형 인공지능과 대화하며 맞춤형 말하기 학습을 실천할 수 있는 것이다. 원활한 의사소통을 위해서는 정확성, 유창성, 적절성을 단편적으로 훈련하는 것을 넘어 언어 표현을 재료로 문장을 조직하여 전체적인 담화 수준에서 구조와 흐름에 맞게 내용을 파악하고 구성해 낼 수 있어야 한다. 이러한 측면에서 맞춤형 말하기 학습 전략은 학습자가 자기 주도적으로 대화의 구조와 의미를 형성해 나가면서 대화에 참여하도록 유도하는 것을 통해 구체화될 수 있다.

우선 학습자는 AI를 활용하여 주제 관련 어휘와 문법 표현, 듣기 활동을 수행함으로써 대화 주제에 대한 배경 지식과 관련 대화 구조 정보를 학습할 수 있다. 외국어 학습의 첫 단계는 특정 주제와 관련된 어휘와 문법 표현을 학습하는 것이므로 학습자가 대화 주제에 대한 배경 지식과 관련된 대화 구조 정보를 학습하는 것은 원활한 의사소통을 가능하게 하는 첫걸음이 된다. 이때 학습자는 어휘 및 문법적 정확성을 향상시키며 실제 대화 상황에서의 대화 참여를 위한 자신감을 높일 수 있다. 특히 기초 단계에서는 단순 교체 연습으로 배운 어휘와 문법 표현을 활용하여 짧은 대화를 반복 연습하며 내재화하는 것이 좋다. 이는 형태 및 구조적인 패턴 안에서 학습자가 배운 표현을 확장적으로 다양하게 적용해 보는 연습 활동이 된다.

가령 한국어의 경우 "-기 때문에"라는 문법 표현은 선행절(원인)과 후행절(결과)에 올 수 있는 내용과 구조적인 문법 특징을 학습한 후, 주어와 술어를 변경하여 여러 예문으로 확장하는 연습을 할 수 있다. 이와 같은 교체 연습은 학습자가 새로운 표현을 자신의 것으로 만들기 위한 비계(scaffold) 역할을 하는데, 학습자는 반복 연습으로 대화 주제와 관련된 언어 표현과 말하기 문형을 내재화하고 다양한 상황에서 배운 표현을 유연하게 활용할 수 있다.

이어서 AI와의 상호작용으로 학습자가 실제 대화 상황을 시뮬레이션하면서 상황 대화 연습을 하면, 배운 내용을 보다 확장적으로 심화시키며 유창성, 적절성을 향상시킬 수 있다. 예를 들어 식당에서 음식을 주문하는 상황을 설정하고 AI와 대화하면서 실제 상황에서의 대화를 간접 경험하는 것이 가능하다. 학습자는 대화 참여자로서 자유롭게 대화를 이어 가며 필수 대화 내용을 구성하는 연습을 반복적으로 진행할 수 있다. 이러한 대화 연습 과정은 학습자의 실전 대응력과 순발력을 향상시키고 실제 의사소통 상황에서 자신감을 증진시킨다.

참고문헌

서울대학교 국어교육연구소 편. 『한국어교육학사전』, 하우.

양애경 · 조호제(2009). 자기 주도적 학습과 학업성취도간의 관계, 한국교육실천연구학회, 《교육실천연구》 8권 3호, 61-82.

이지혜(2010). 자기결정성 학습동기, 메타인지, 자기 주도적 학습능력 및 학습몰입과 학업성취 간의 구조적 관계, 한국교육학회, 《교육학연구》 48권 2호, 67-92.

지현숙(2017). 『한국어평가론』, 한글파크.

Bachman, L. F.(1990). *Fundamental Considerations in Language Testing*. Oxford University Press.

Canale, M., & Swain, M.(1980). Theoretical Bases of Communicative Approaches to Second Language Teaching and Testing, *Applied Linguistics*, 1(1), 1-47.

Nation, P.(1989). Improving Speaking Fluency. *System*, 17(3), 377-384.

04
언어 표현의 정확성

AI 기술은 듣기와 말하기 능력을 상호 보완적으로 향상시키며 학습자의 외국어 말하기 능력을 강화한다. 특히 정확성 면에서 학습자의 발음 오류를 확인하고 피드백을 제공하여 발음 개선에 도움을 줄 수 있다. 또한 문법 검사 기능을 통해 학습자가 작성한 문장의 문법적 오류를 올바른 표현으로 수정해 학습자의 문법 인식 능력을 향상시킬 수 있다.

AI와 사주?

정확성 향상을 위한 발음 및 문법 교정

정확성(Accuracy)은 어휘 및 문법 사용이 정확한 언어 형태로 발화되는 것을 의미한다. 이는 발음, 어휘 및 문장의 형태나 구조가 목표 언어의 규범에 맞는지를 중시하는 것으로, 올바른 발화를 위한 토대를 형성한다.

구어 의사소통 상황에서 '말하기'는 듣기를 통한 내용 이해로부터 화자의 의도를 출력하는 과정이다. 이때 정확한 발음과 어휘 사용은 원활한 의사소통을 위한 출발점이 된다. 발음이나 어휘 사용이 부정확할 경우 소통의 오류를 야기할 수 있기 때문이다. 또한 문법은 단어와 단어, 문장과 문장을 연결하는 규칙 체계로, 언어의 구조를 이해하고 정확한 표현을 구사하는 데 필수적인 요소다. 문법 사용이 정확하지 않으면 화자의 발화 의도나 정보가 왜곡되어 의사소통 실패로 이어질 수 있다. 결국 정확하고 효과적인 의미 전달, 상호작용의 명료성을 확보하기 위해서는 발음과 어휘, 문법 사용에서 정확성이 담보되어야 한다.

이처럼 원활한 의사소통을 위해서는 외국어 학습에서 정확한 발음과 어휘, 문법 사용이 중요한데, 대부분의 발음 교육은 초급 단계에서, 문법 교육은 초중급 단계에서 집중적으로 다뤄지는 경향이 있다. 이는 상대적으로 유창성이 중시되는 중고급 단계에서 발음 및 문법 교정에 대한 지속적인 학습이 중점적으로 이루어지기 어렵다는 교육적 현실과 맞닿아 있다. 특히 발음의 경우, 타 기능 연습에 비해 집중적으로 학습하기 어려운데 이는 다수의 학습자를 대상으로 1:1 발음 교정을 하는 것이 물리적 시간에 쫓겨 실천하기 어렵다. 더구나 배운 발음을 수업 시간 내에 충분히 내재화하기 어렵다는 한계도 존재한다.

그런데 음성 인식이 가능한 대화형 인공지능 기반 챗봇 등의 보조 교육 도구를 적극 활용해 이러한 교육 환경에서의 제약을 보완할 수 있다. AI 기반의 발음 교정 시스템을 비롯한 문법 교정 AI 도구들은 인간 튜터를 모방하여 학습자에게 맞춤형 실시간 피드백을 제공하기 때문이다. 이에 학습자는 자기 주도적으로 더욱 세심하게 발음과 문법을 교정하면서 언어 사용의 정확성을 향상시킬 수 있다.

언어 정확성 향상을 위한 인공지능 활용

AI는 외국어 학습에서 발음, 어휘, 문법 사용 등 언어 표현의 정확성을 향상시키기 위한 다양한 도구와 방법을 제공한다. 이러한 기술은 학습자의 언어 능력을 향상시키고 학습 동기를 유지하며 외국어 말하기의 자신감을 증진시킨다.

먼저, 발음에는 개별 학습자의 언어 습관과 지역별 음운 현상에 내재된 개성적 다양성이 존재한다. 그런데 이를 고려한 맞춤형 음성 인식과 피드백 알고리즘이 고도화되면서 실제 교육 현장에서의 적용 가능성과 실효성이 크게 증대되고 있다. 외국어 학습자가 AI 기반 음성 인식 기능을 활용할 경우, AI 음성 분석 알고리즘을 통해 억양(intonation), 속도(speech rate), 유창성(fluency), 정확성(accuracy), 명료성(clarity) 등의 하위 항목별 분석 결과를 확인할 수 있다. 그리고 각 요소를 수치화된 결과로 확인하며 개선 지침을 반복 연습할 수 있다. 이는 기존의 교사 의존적 발음 교정 방식에서 벗어나 개별화된 자율 학습 환경을 구현한다는 점에서 차별화된다.

발음 학습의 초기 단계에서는 원어민의 표준 발음을 반복 청취하고 모방하면서 학습자 자신의 발화를 비교 점검할 수 있다. 특히 발음 차이에 대한 정량적 피드백, 예컨대 유사도 점수, 정확도 백분율 등을 통해 특정 음소의 부정확한 조음 습관이나 억양 처리의 오류를 스스로 인식하고 반복 훈련할 수 있다. 이때 학습자는 해당 오류를 교정하는 자기 점검(self-monitoring) 전략의 자연스러운 내면화 과정을 경험하게 된다.

이와 같은 AI 기반 발음 교정 시스템은 학습자의 개별 수준과 학습 속도에 맞는 발음 학습 경로를 제시해 주기 때문에 맞춤형 발화 훈련이 가능하다. 특히 학습자가 특정 발음에서 지속적인 오류를 보일 경우, AI는 해당 음소가 포함된 예문을 다양하게 제공하고 반복 연습을 유도할 수 있다. 그러면서 유사 오류를 중심으로 자동 진단 및 교정 루틴을 작동시켜 오류의 화석화를 예방할 수 있다.

한편, 어휘 및 문법의 경우 AI와 상황 대화 연습을 하면서 주제와 관련된 고빈도 어휘와 문법 표현을 학습할 수 있다. 이때 AI를 활용하여 학습자의 발화를 실시간으로 텍스트화하고 문법 오류를 탐지하여 교정할 수 있다. 문법 오류 탐지 기술은 GPT 기반 언어 모델이나 자연어 처리(NLP) 기반의 문법 분석기로, 문장 내 시제 오류, 주어-동사 일치, 조사의 누락, 어미의 부정확성, 구문 배열 오류 등 다양한 문법 항목을 점검하는 것이 가능하다.

특히 학습자가 생성한 문장은 자동 저장된 대화 로그로 확인 가능하기 때문에 학습자 스스로 문장 생성 과정을 검토하고 문법 오류의 패턴을 점검할 수 있다. 또한 대화형 AI의 문법 교정 기능을 통해 왜 그것이 오류인지, 어떻게 고쳐야 하는지, 유사 예문에서는 어떻게 쓰이는지를 확인할 수 있다. 단순한 '오류 → 정답' 식의 피드백에 그치지 않고 '형식적 피드백(form-focused feedback)'과 '의미 기반 피드백(meaning-focused feedback)'을 함께 제공받을 수 있는 것이다.

아울러 이러한 문법 피드백 과정은 학습자의 숙달도에 맞게 조절할 수 있다. 예컨대 초급 학습자에게는 단문의 구조와 기본 조사 사용을 중심으로, 중급 이상 학습자에게는 내포문, 접속문, 조건절, 양보절 등 고급 문장 구조에 대한 구문 차원의 피드백을 중심으로 학습자가 자신의 문장 생성 능력을 체계적으로 확장할 수 있다. 이는 AI가 제공하는 상호작용적 학습 환경의 가장 큰 장점으로 작용한다.

이처럼 외국어 말하기 학습에서 AI를 활용하는 것은 단순 교정을 넘어 언어 지식을 '사용'의 차원으로 실효성 있게 연습할 수 있도록 한다. 이러한 언어 경험은 반복적인 피드백과 훈련으로 정확성에 근거한 담화 조직 능력을 점진적으로 갖출 수 있게 한다. 다만 AI 기반 외국어 말하기 학습에서 제시된 명령어(프롬프트)가 얼마나 사용자 의도에 맞게 구체적이고 핵심적으로 제시되었는가에 따라 그 결과가 달리 나타날 수 있으므로, 학습자 스스로 전체적인 학습 방향과 목적에 맞게 구체적인 내용 및 학습 방법을 설계할 수 있는 눈을 기르는 것이 필요하다.

참고문헌

권민지(2023). 음성인식 프로그램 '네이버 클로바노트'를 활용한 한국어 학습자의 자가 발음평가 사례 연구, 연세대학교 언어연구교육원 한국어학당, 《외국어로서의 한국어교육》, 69권, 1-35.

김성조(2024). 인공지능(AI)를 활용한 한국어교육 방안 연구, 연세대학교 언어연구교육원 한국어학당, 《외국어로서의 한국어교육》, 75권, 33-58.

박소연(2024). 대화형 인공지능(ChatGPT)을 활용한 대화 연습 모형 개발 - 메타인지적 반성적 경험을 중심으로, 우리말글학회, 《우리말글》, 102집, 275-308.

Gao, X.(2024). The Impact of AI on the Accuracy of Second Language Learners in Acquiring Non-Finite Verb Structures, *Communications in Humanities Research* 61(1):1-6.

05
유창한 의사소통 기술

AI 기반 언어 학습 환경은 방대한 언어 자원과 실제적 상황을 기반으로 학습자에게 다양한 어휘와 문법 표현을 반복적으로 연습할 수 있도록 한다. 이는 자신의 발화를 전략적으로 조정할 수 있는 훈련 과정이 되어 유창성을 향상시킨다.

AI와 아이돌?

어휘와 문법의 유창성 향상

외국어 교육에서 유창성(Fluency)은 자연스러운 억양, 발화 속도, 휴지 빈도 등의 초분절적 요소와 함께, 다양하고 풍부한 어휘와 문법 표현을 정교하게 사용하여 충분한 발화량으로 언어를 산출할 수 있는 능력을 의미한다. 유창한 발화는 화자가 자신이 말하고자 하는 내용을 막힘없이 표현함으로써 청자에게 답답함을 주지 않고 의사소통이 원활하게 이루어질 수 있도록 한다. 그리고 의미 중심의 전달이 지속적인 발화 생산 과정에서 자연스럽게 이어져 나갈 수 있도록 한다. 이는 유창성이 발화 속도, 휴지 빈도뿐만 아니라 학습자가 선택하는 어휘, 문법 표현의 자연스러움까지 포괄한다는 것을 의미한다. 상황 맥락에 맞는 어휘와 문법 표현을 다양하고 풍부하게 활용하는 것이 곧 유창성으로 이어지기 때문이다.

외국어 교육에서 유창성 신장을 목표로 하는 교육 내용 구성과 교수 학습 방법론은 의사소통 기능 중심의 교육 과정 설계와 실제적 과제 수행을 통한 언어 학습 이론에 기반하여 발전해 왔다. 이는 과거에 정확성 중심의 문법 번역식 외국어 교육을 중시해 오던 것과는 다른 접근으로, 언어 지식을 축적하는 것에 방점을 두지 않고 '사용' 가능한 언어로서 의사소통 능력을 신장하는 데 중점을 둔다.

그런데 기존 교육 현장에서는 다수의 학습자들을 대상으로 다양한 상황 맥락에서의 풍부한 의사소통 활동을 제공하기 어려운 물리적 제약이 존재한다. 학습자들이 학습한 언어 표현을 실제적 맥락에서 심화 확장할 수 있는 충분한 연습 기회가 제한되고 있는 것이다. 그럼에도 불구하고 학습자들이 긴 휴지 없이 대화에 능숙하게 참여하여 대화의 연속성과 자연스러움을 유지하고, 상대방의 의견에 효과적으로 반응할 수 있는 말하기 전략을 습득하는 것은 유창성 신장을 위한 중요한 학습 과정이다.

최근 AI 기술을 바탕으로 언어 유창성 향상을 위한 혁신적인 외국어 학습 환경에서의 방법적 기조들이 시도되고 있다. 특히 대화형 인공지능 기반 챗봇을 활용해 다양한 어휘와 복잡한 문법 구조를 적극적으로 사용함으로써 언어의 유창성을 유의미하게 향상시킬 수 있게 되었다.

먼저 대화형 AI를 통해 단순 암기 중심의 어휘 학습이 아닌, 실제 문맥 속에서 적절히 사용할 수 있는 학습 방법을 학습자 스스로 터득할 수 있다. 학습자의 문장 생성 능력, 특히 복잡한 문장 구조의 활용 능력을 향상시키기 위해 반복적인 어휘 및 문법 표현 노출, 문맥 속 어휘 사용, 자동 문법 피드백 등의 다양한 기술로 어휘 · 문법 유창성을 강화할 수 있다. 이는 어휘 · 문법 유창성이 단편적 암기 수준을 넘어 실시간 상호작용 기반의 맥락적 활용을 통해 효과적으로 향상될 수 있는 기술적 환경이 구축되었음을 의미한다.

실제로 어휘의 경우 어휘장을 확장하여 유의어나 반의어 쓰임에 대한 구별을 AI와 함께 학습할 수 있다. 보다 쉽고 빠르게 다양한 예문을 검토하면서 학습한 어휘를 바탕으로 예시 문제를 생성하여 풀어 보고 AI와의 대화 연습으로 재확인할 수 있다. 문법 또한 유사 문법의 차이를 의미적, 문법적, 화용적 층위에서 검토하고, 사용 가능한 문법 표현의 종류를 늘릴 수 있다. 그리고 이때 난이도 조정 기능으로 학습자의 레벨에 맞는 다양한 예문을 학습함으로써 유창성 향상에 집중할 수 있다. 이와 같은 말하기 유창성 향상을 위한 학습은 학습자 스스로 자신의 외국어 능력을 메타인지적으로 인식 및 점검할 수 있는 의미 있는 과정이 된다.

말하기 유창성 향상을 위한 전략적 접근

실제 의사소통 상황에서 학습자는 언어 자원을 적절히

조합하고 자신의 발화를 유창하게 하며, 청자의 반응에 능동적으로 대처하기를 요구받는다. 이는 '전략적 말하기 능력'으로, AI 기반 언어 학습 환경에서 효과적으로 훈련하며 향상시킬 수 있다.

'말하기 전략(speaking strategies)'은 학습자가 말하는 도중에 겪는 어려움을 극복하기 위해, 그리고 자신의 발화를 명확하고 자연스럽게 전달하기 위해 사용하는 언어적 · 비언어적 조정 기술을 말한다. 대표적인 전략으로는 '우회 표현, 발화 재구성, 시간 벌기, 자기 수정' 등이 있는데, 이는 특히 유창성을 방해하지 않으면서 의미 전달을 지속시키는 데 유용하다. 실제로 말하기 전략을 학습한 학습자들은 그렇지 않은 학습자들보다 발화 동기가 높고, 다양한 언어 표현을 적극적으로 사용하려는 태도를 보인다. 말하기 전략이 학습자에게 유의미한 말하기 연습 과정을 경험할 수 있도록 하기 때문이다.

AI 기반의 말하기 피드백 시스템은 이와 같은 말하기 전략 사용을 훈련하고 강화하는 데 최적의 환경이다. 가령 음성 인식 기반의 대화형 AI 시스템은 학습자의 발화를 실시간으로 분석해 발화 속도, 반복어 사용, 망설임 표현 등을 평가하고 그에 따른 피드백을 제공한다. 이 과정에서 발화 중 단어 선택에 어려움을 겪을 경우 유사 표현을 제안받을 수 있고, 문장 구조 대체, 상황 적합성에 기반한 어휘를 추천받을 수 있다.

또한 학습자는 대화 로그를 통해 자신의 발화가 어느 지점에서 중단되었는지, 어떤 전략을 사용하고 사용하지 못했는지를 반성적으로 검토할 수 있다. 이러한 메타인지적 접근은 학습자가 말하기 과정을 '단순 실수 수정'이 아닌 '전략 선택과 적용'의 측면에서 재구성할 수 있도록 한다. 그리고 그 과정에서 말 더듬거림, 머뭇거림과 같은 휴지를 복기함으로써 학습자 자신의 유창성을 판단, 평가할 수 있다. 그리하여 궁극적으로는 AI와의 대화에서 말하기 전략을 적극 활용함으로써 물 흐르듯 자연스럽고 적정한 속도로 발화하는 훈련을 할 수 있다.

한편, 일각에서는 유창성 측면에서 '발화 속도, 발화량 조절, 발화 주도권'에 대한 AI 기술의 한계점이 지적되고 있다. AI의 발화 속도가 너무 빨라 외국어 학습자가 상황 대화 연습에 거부감을 느낀다거나, 학습자에 비해 AI의 발화량이 많고 발화 주도권도 AI가 주로 차지하는 경우가 많다는 점이 지적되고 있는 것이다. 이는 자칫 학습자의 학습 동기를 저하시키고 충분한 연습량을 확보하기 어렵게 한다는 점에서 문제가 될 수 있다.

그러나 이에 대한 문제 제기는 새로운 관점에서 접근

가능하다. 발화 속도, 발화량 조절, 발화 주도권은 인간과의 대화에서도 충분히 발생할 수 있는 문제이므로 말하기 전략 차원에서 학습 및 훈련할 수 있다. 예를 들어 AI를 대상으로 대화 유지용 신호("음~", "어~", "그러니까~", "내가 하던 말 계속해도 돼?")를 사용하거나, 말 끼어들기 전략("그런데 말이야", "어 근데 그거에 대해서 나는~")을 통해 학습자가 대화의 주도권을 유지하고, 주도적으로 대화에 참여할 수 있도록 연습할 수 있다. 또한 반복 요청하기("다시 말해 줘."), 질문 반복하기("뭐라고? 뭐라고 했어? 잘 못 들었어."), 질문에 대한 이해 표현하기("그러니까 네 말은 ~라는 거지? 맞아? 그래?")의 말하기 전략을 사용하여 자신이 분명하게 듣지 못한 내용을 재확인할 수 있다. 이처럼 말하기 전략을 유창성 면에서 활용할 경우, AI 기술의 한계를 보완하고 학습자의 말하기 태도 또한 보다 적극적이고 능동적으로 변화시킬 수 있다.

참고문헌

박소연(2024). 대화형 인공지능(ChatGPT)을 활용한 대화 연습 모형 개발 – 메타인지적 반성적 경험을 중심으로, 우리말글학회, 《우리말글》, 102집, 275-308.

이남호 · 이찬규(2024). ChatGPT를 활용한 자기 주도적 대화연습 모형 개발, 한국화법학회, 《화법 연구》, 63권, 87-123.
이남호 · 차준우(2023). 한국어 학습자의 대화 능력 향상을 위한 대화 생성형 인공지능 활용 가능성 연구, 배달말학회, 《배달말》, 72권, 53-90.

06
문화적 맥락과 표현

문화 간 의사소통은 이질적인 언어와 문화가 만나는 접촉 지점에서 이루어진다. 그렇기에 외국어 학습자는 목표 언어의 사회 문화적 맥락을 고려하며 의사소통해야 한다. 목표 언어의 실제성을 경험적 측면에서 주요하게 다룰 필요가 있는 것이다.

AI와 야구?

실제성에 근거한 언어 경험

외국어 학습에서 유창하고 적절한 의사소통을 하기 위해서는 언어 지식(어휘, 문법) 학습뿐만 아니라 상황 맥락에 맞는 실제적인 대화 경험이 필요하다. 사회문화적 맥락(sociocultural context)에 따라 누구에게, 언제, 어떤 방식으로 말하는가에 대한 언어 적절성(appropriateness) 문제는 문화 간 의사소통에서 핵심적인 요소다.

가령 '거절 표현'은 화청자의 사회적 거리나 권력관계에 따라 "죄송하지만 어려울 것 같아요"와 "지금은 안 돼" 등과 같이 달리 사용된다. 이러한 맥락의 차이는 단순한 문장 암기로는 습득하기 어려운, 더 포괄적인 문화적 의미가 내포되어 있다. 특히 고맥락(high-context) 언어에 해당하는 한국어의 경우, "안녕하세요"뿐만 아니라 "어디 가?", "밥 먹었어?" 도 인사 기능을 수행한다는 측면에서 상황 맥락적 의미를 이해하고 사용하는 것은 중요하다.

그런데 이러한 언어 표현을 특정 사회문화적 맥락 속에서 충분히 이해하지 못할 경우, 편견이나 고정관념과 같은 문화적 마찰, 갈등으로 이어질 수 있다. 문화 간 의사소통 상황에서 서로 다른 언어와 문화가 충돌하게 되는, 의사소통 실패의 경험을 하게 되는 것이다.

또한 원어민과의 실제 대화는 복합적인 맥락을 즉각적으로 해석하고 반응해야 하는 과정이다. 그런데 원어민과의 접촉이 많지 않은 외국어 학습자는 순간적인 '상황 맥락-의미-표현' 간의 연결 고리가 인지적으로 형성되기 어려워, 상황에 맞지 않는 어색한 표현을 사용할 가능성이 크다. 이는 실제 원어민과 대화할 때 불안, 두려움, 자신감 결여와 같은 정의적 필터(affective filter)의 부정적 결과로 나타날 수 있다. 외국어 학습자는 원어민과 실시간으로 상호작용하면서 자신의 언어 능력을 직 · 간접적으로 피드백을 받게 되는데, 이때 언어 능력에 대한 긍정적인 경험이 부족하면 내적 동기(intrinsic motivation)가 약화되고 의사소통 불안(communication apprehension)을 겪을 수 있다.

목표 언어 국가에 거주하지 않고 모국 내에서 외국어를 학습할 경우, 원어민과의 자연스러운 대화 경험은 현저히 부족해질 수밖에 없다. 그리고 실제 상황 맥락 속에서 적절하게 외국어를 사용하는 것이 전적으로 학습자 개인의 몫으로 남겨지는 경우가 많다. 이러한 제약적 환경은 실제성에 근거한 맥락적 언어 사용 능력 향상에 더욱 취약해지도록 한다. 결국 인지적 · 정의적 · 행위적 측면에서 학습자는 언어 사용의 적절성과 실제성 확보에 어려움을 겪게 된다. 그리고 원어민과의 대화 경험이 결여된 환경에서 언어 학습이 형식적 지식으로 고착화될 수 있다.

이런 경우 문화 간 의사소통 상황에서의 높은 불확실성을 극복하기 위한 노력이 필요하다. 실제로 배운 언어 지식을 '사용으로서의 언어(language for use)'로 내면화하기 위한 실천적 경험이 수반되어야 한다. 원어민과의 대화에 준하는, 의미 있는 경험을 반복적으로 하는 것은 의사소통 불안을 감소시킬 수 있다. 상호작용적 관계 속에서 사회문화적 지식이 반영된 상황 대화를 충분히 연습할 수 있는 환경이 필요한 것이다.

따라서 학습자가 학습한 지식을 실제 언어 사용으로 전환하기 위해서는, 기능적 지식 축적을 넘어 그 기능을 실현하는 '의미 있는 경험'을 하는 것이 중요하다. 또한 학습자가 자신의 발화를 스스로 '인식'하고 말하기 상황을 직접 '체험'하면서 문화적 적절성과 담화 흐름의 자연스러움을 체화할 수 있어야 한다. 아울러 발화의 간격, 전형적인 응답 패턴 등 말하기 과정의 다양한 요소들을 통합적으로 연습할 수 있어야 한다. 학습자의 머릿속 지식을 내재화하고 실제 의사소통 상황에서 적절하게 발화할 수 있도록 하는 것은 말하기 교육의 궁극적인 목표로 나아갈 수 있도록 하기 때문이다.

AI 기반 상황 맥락 대화 연습을 통한 적절성 향상

실제 의사소통 상황에서 학습자의 표현이 문법적으로 정확해도 사회문화적 맥락 표현이 부적절하면 대화는 어색해진다. 이는 언어적 적절성이 단순한 문장 수준의 문제가 아니라 화용론적 인식(pragmatic awareness)과 문화적 뉘앙스에 대한 이해를 바탕으로 한 복합적 능력이기 때문이다.

적절성(Appropriateness)은 청자와의 관계, 대화 상황 및 목적, 문화적 맥락 등에 알맞게 언어 표현을 선택하고 사용하는 능력으로, 일상 대화, 토론, 발표, 연설 등의 말하기 장르에 어울리는 말투 혹은 격식체 등을 잘 가려 쓸 수 있는 것과 연관된다. 그리고 언어 사용의 사회문화적 맥락을 고려한 화용적 능력(Pragmatic competence)과 직결된다. 즉 대화 참여자의 배경과 대화 상황 맥락에 대한 정보를 완벽하게 제거한 진공 상태에서 의미를 생성하는 것이 아니라, 주어진 맥락에서 발화의 (부)적절성을 판단하고 발화 생산 및 전달, 해석에 관여하는 사회문화 요인들을 종합적으로 고려하는 것이다. 그러므로 문화 간 의사소통을 하는 외국어 학습자는 청자와의 대화 과정에서 자신의 의도와 상황에 부합하는 언어 표현을 적절하게 선택하여 발화할 수 있어야 한다. 그리고 그 과정에서 화행 기능을 포함한 화용언어적 능력(Pragmalinguistic competence)과 사회화용적 능력(Socipragmatic competence)을 발휘할 수 있어야 한다.

결국, 언어의 적절성 문제는 다문화 사회와 글로벌 네트워크 환경에서 문화 간 의사소통에 적합한 언어를 사용하는 능력과 직결된다. 문법적 지식을 단편적으로 이해하는 데 그치지 않고, 담화 상황 속에서 문장의 화용적 의미를 파악하여 전체 대화의 흐름을 이해하는 과정은, 상황 맥락에 부합하는 목표 언어 표현을 '적절하고 올바르게' 사용하는 법을 익히는 과정이기 때문이다.

이에, 언어의 적절성 훈련은 화자의 발화 의도를 파악하여 전략적으로 대응함으로써 대화의 질을 향상시키는 방향으로 나아간다. 시뮬레이션 기반 실제 대화 연습을 통해 하나의 표현이 지닌 사회문화적 의미, 정서, 맥락적 해석을 포함한 문화적 뉘앙스 등을 반복적으로 훈련하는 것이 필요한 것이다. 특히 문화적 뉘앙스는 상대성과 맥락 의존성이 크기 때문에 다양한 담화 상황에 노출되는 것이 중요하다.

그러므로 AI를 적절히 활용하여 다양한 대화 상황 맥락을 경험하면서 원어민과 실제 대화하는 것과 유사한 연습을 하는 것은 유의미할 수 있다. 실제로 AI 언어 모델은 다양한 상황 맥락을 설정하고 학습자가 그에 적합한 표현을 선택하며 대화를 이어 나가는 데 유용하다. 특히 대화형 인공지능 기반 챗봇을 통해 시뮬레이션 역할극을 하면서, 대화 참여자의 관계에 따라 달리 적용되는 언어 표현의 공손성(politeness) 정도나 사회적 함의를 학습할 수 있다. 그리고 원어민이 일상생활에서 자주 사용하는 표현과 말투를 학습하며, 학습자 자신의 발화를 공손성, 문화적 수용성 등의 측면에서 평가하고, 형식과 의미를 통합하여 화용 학습을 할 수 있다. 또한 대화 상황별로 달리 적용되는 발화 전략을 반복적으로 연습하면서 학습한 지식을 내면화할 수 있다. 이는 특정 표현에 담긴 문화적 함의와 맥락적 차이를 실제 언어 사용 이해로 확장하는 과정이 된다. 결과적으로, AI 기반 언어의 적절성 학습은 실제 대화 상황에서의 표현 사용 능력을 향상시킴으로써 실질적인 언어 사용 능력을 증진시킬 수 있다.

그러나 다른 한편으로, AI를 활용한 사회문화적 의미와 맥락적 차이 학습에 대한 회의적인 시각도 존재한다.

인간 세계에 존재하는 고정관념이나 편견이 그대로 데이터에 반영되어 자연 언어로 구현되었다는 점이 지적되고 있는 것이다. 이는 상황 대화 연습 과정에서 오히려 인간의 편향적 문화 인식을 강화할 수 있다는 한계성을 내포한다. 또한 대화형 인공지능이 언어의 적절성을 판단하는 과정에서 오류를 범하는 경우가 적지 않다는 점 또한 지적되고 있다. 인공지능 시스템이 수학적 모델을 기반으로 인간의 언어를 이해하기 때문에 미묘하고 세밀한 맥락적 차이나 문화적 뉘앙스는 충분히 소화해 내지 못하는 경우가 발생하는 것이다.

이러한 점을 고려할 때 현재로서는 언어의 적절성 측면에서 AI를 무분별하게 활용하는 것은 분명한 한계가 있다. AI 언어 모델은 아직 맥락에 따른 정교한 의미 조정이나 사회문화적 함의를 충분히 반영하지 못하는 경우가 많기 때문에 의사소통 과정에서 부정확한 표현이나 오해를 초래할 수 있다.

그러나 AI는 방대한 언어 데이터를 기반으로 지속적으로 학습하고 있으며, 기술이 고도화될수록 이러한 한계는 점차 보완될 가능성이 크다. 무엇보다 AI를 제한적으로 활용하더라도, 학습자가 목표 언어에 담긴 사회문화적 배경과 화용적 맥락을 탐색하고, 이를 통해 실제 의사소통에 필요한 언어 사용 능력을 향상시킬 수 있다면 이는 충분히 가치 있는 학습 과정이 될 수 있다.

결국 중요한 것은 AI 활용의 '범위'와 '방식'이다. AI의 도움으로 외국어 학습의 효율성을 높이되 인간의 성찰적 관찰과 비판적 사고를 바탕으로 AI의 적합성을 지속적으로 점검하는 태도가 반드시 수반되어야 한다. 아울러 AI가 제공하는 정보의 한계와 가능성을 모두 고려하면서, 기술을 수동적으로 수용하는 것이 아니라 능동적으로 활용할 수 있는 역량을 길러야 한다.

참고문헌

Erdogan, N., & Kitson, C.(2025). Integrating AI in Language Learning: Boosting Pragmatic Competence for Young English Learners, *LatIA*, 3(115), 1-13.

Godwin-Jones, R.(2024). Generative AI, Pragmatics, and Authenticity in Second Language Learning, *Computer Science Report*.

Lee, B. J., & Cook, D. R.(2024). Exploring the potential of AI for pragmatics instruction, *Technology in Language Teaching & Learning* 6(3), 1-16.

Michalon, B., & Camacho-Zúñiga, C.(2023). ChatGPT, a brand-new tool to strengthen timeless competencies. *Frontiers in Education* 8, 1-13.

Sung, M. C., & Kang, S.(2024). Developing AI Chatbots for

Pragmatic Instruction of Korean Secondary L2 English Learners, *Korean Journal of English Language and Linguistics* 24, 441–459.

07
정서적 동기 기반 학습

AI 기반 외국어 말하기 연습은 학습자가 실수에 대한 두려움 없이 자유롭게 연습할 수 있는 환경을 제공한다. 이에, 불안감은 줄이고 학습 동기와 정서적 안정감, 자기 효능감을 높일 수 있다.

AI와 윤동주?

정의적 요인과 언어 학습 효과

외국어 학습에서 정의적 요인(affective factors)은 학습자의 태도, 동기, 불안, 자신감, 흥미 등 학습과 관련된 정서적 · 심리적 요소를 포함한다. 이는 언어 학습의 성공 여부에 핵심적인 역할을 하며 인지적 요인만큼이나 학습 성과에 큰 영향을 미친다.

이와 관련하여, 정의적 필터 가설(affective filter hypothesis)은 제2언어 습득 과정에서 학습자의 심리적 요인이 언어 입력 처리에 미치는 영향을 잘 설명해 준다. 정의적 필터는 학습자의 동기, 불안, 자신감으로 구성된 심리적 장벽으로, 동기가 부족하고 자신감이 낮아 불안도가 높으면 언어 처리 효율성이 40~68% 감소해 언어 입력이 차단된다. 언어 입력 처리 과정은 외부 언어 입력을 수신한 후 정의적 필터에 의해 심리적 판단을 통과하는데, 이때 높은 불안과 부족한 동기는 언어 입력을 차단한다. 반면 강한 내재적 동기와 낮은 불안을 가진 경우 입력 처리 과정이 촉진되어 학습한 지식이 언어 습득 장치(LAD)에 도달해 내재화된다.

이처럼 언어 학습에서 정의적 측면은 학습의 지속성과 몰입도에 영향을 준다. 동기 유지를 위한 학습 환경이 정의적으로 안정되고 학습자에게 감정적 지지와 피드백이 제공될 때 외국어 학습 과정에서의 장기적 성과를 기대할 수 있는 것이다. 결국 긍정적인 정서는 언어 습득 능력에 영향을 미치므로 학습자가 외국어를 잘 이해하고 표현할 수 있도록 정서적으로 안정된 학습 환경을 마련하는 것이 중요하다.

이런 점에서 AI 기반 학습 환경은 외국어 학습 환경에서의 정의적 요인을 개선할 수 있는 가능성을 보여 준다. 학습자는 AI와의 비대면 상호작용으로 평가 불안에서 자유로워지고, 실수에 대한 두려움 없이 반복 연습을 할 수 있다. 이러한 조건은 학습자의 자기 주도적 학습 동기를 고취시키고 학습에서의 자기 효능감(self-efficacy)을 향상시킨다.

외국어 불안 감소, 동기 유발, 자기 효능감 향상을 위한 AI 활용

외국어 학습자는 원어민과의 실제 대화에서 실수에 대한 두려움, 긴장감, 사회적 비교 등으로 인해 심리적 부담감을 느낀다. 이는 학습자들이 흔히 경험하는 '외국어 불안(foreign language anxiety)'으로, 학습자의 언어 사용을 위축시키고 학습 동기를 저하시킨다. 특히 순간적으로 실시간 상호작용해야 하는 말하기에서의 언어 불안은 언어적 자원이 충분한데도 학습자의 생각을 적절히 표현하지 못하는 것으로 나타나는 경우가 많다. 이는 외국어 학습이 인지적, 행위적 측면과 함께 정의적 요인을 주요하게 다루어야 한다는 것을 의미한다. 외국어 불안 감소를 위한 노력이 뒷받침될 필요가 있는 것이다.

실제로 외국어 불안 감소를 위한 노력으로, 학습자 중심의 협동 학습, 이완 기법 활용, 오류 수정 지연, 충분한 말하기 연습 기회 제공 등이 활용되었다. 그리고 학습자의 외국어 숙달도 수준에 따라 메타인지 전략, 인지 전략, 사회적 전략 등을 변별적으로 적용하여 언어 불안을 약화시키는 노력들도 이루어졌다.

그러나 최근 인공지능 기술을 바탕으로 이러한 정서적 언어 학습 환경 조성에 대한 접근이 보다 용이해졌다. 대화형 인공지능의 주요 이점을 활용하여 개인화된 학습이 가능해지면서, AI와 상호작용하며 발생할 수 있는 실수에 대한 두려움을 줄이고 타자로부터 판단 받는 느낌을 감소시켜, 외국어 학습에서의 불안을 효과적으로 낮출 수 있게 된 것이다. 특히 내성적인 학습자들에게는 대면 상황의 심리적 부담 없이 동일한 표현을 반복 연습할 수 있는 안정적인 학습 환경을 제공한다는 점에서 더욱 효과적이다. 이처럼 AI 기반 외국어 학습은 기존 원어민 튜터의 언어 코치보다 더 편안한 학습 환경을 조성해 준다. 그리고 이러한 학습 과정의 축적은 개인화된 학습 경험을 더욱 특화시켜 자신만의 학습 방법을 터득하게 하고 자기 조절 학습을 촉진한다. 이는 궁극적으로 학습자의 '학습 동기'를 강화하는 계기가 된다.

한편, AI를 활용하여 학습자의 정의적 상태를 실시간으로 파악하고 적절한 맞춤형 피드백을 제공받는 과정은 학습자의 '자기 효능감'을 향상시킨다. AI는 학습자의 언어 사용 중 나타나는 긴장이나 자신감 저하를 확인하고 긍정적이고 건설적인 피드백을 할 수 있다. 학습자의 긴장이나 자신감 저하는 발화의 유창성 면에서 충분히 파악 가능하기 때문이다. 이때 학습자는 스스로의 의사소통 능력을 점검하고 지속적으로 꾸준히 학습을 이어갈 동력을 얻을 수 있다.

이와 같이 AI를 정의적 측면에서 긍정적으로 활용할 수 있는 것은 AI로 개인 맞춤형 언어 학습 환경을 구축할 수 있기 때문이다. 개인의 필요에 맞게 학습 내용의 난이도를 맞춤 설정하여 보다 효과적으로 학습을 진행하고 거의 무제한으로 반복 학습을 하면서 외국어 학습을 지속시킬 수 있다. 이에, 학습자는 자연스럽게 의사소통 과정에서 자신감을 획득하며, 언어적 실수를 긍정적인 문제 해결의 과정, 발전의 과정으로 전환할 수 있다. 그리고 AI와의 상호작용 속에서 능동적이고 주도적인 대화 참여자로서 자신감을 갖고 대화를 이끌어 가는 능력을 함양할 수 있다. 단순히 주어진 정보를 나열하는 데 그치지 않고, 대화 목적에 부합하는 발화 의도를 가지고 대화 주제를 보다 의미 있게 구성할 수 있게 되는 것이다.

아울러 AI에 게임 요소를 접목해 언어 학습 동기를 강화할 수도 있다. 랭킹이나 상벌 제도와 같은 게임적 요소는 외국어 학습을 더욱 흥미 있게 만듦으로써 학습자의 참여를 높이고 학습 동기를 부여한다. 이는 외국어 학업 성취도와 직결되어 유의미한 교육적 효과로 나타날 수 있다. 결국 AI를 활용하여 자기 주도적으로 학습을 지속할 수 있는 환경을 구축하여 장기적으로 외국어 학습의 효율성을 극대화할 수 있다. 학습자가 능동적으로 학습 상황을 설계하고 반복 연습을 병행하면서 정의적 측면에서의 유의미한 학업 성과를 얻을 수 있는 것이다.

참고문헌

권유진 외(2010). 외국어 불안과 교실상황이 학업성취도에 미치는 영향 - 한국어 학습자를 중심으로, 《새국어교육》, 85, 381-402.

Krashen, S. D.(1982). *Principles and Practice in Second Language*

Acquisition. Pergamon Press.

Wei, L.(2023). Artificial intelligence in language instruction: impact on English learning achievement, L2 motivation, and self-regulated learning, *Frontiers in Psychology*, 14, 1-14.

Zhang., C. et al.(2024), Artificial intelligence in EFL speaking: Impact on enjoyment, anxiety, and willingness to communicate, *System* 121, 1-34.

08
감정 인식과 공감적 대화

AI의 감정 인식 기술을 활용하여 상호문화적 감수성을 증진시킬 수 있다. 이는 의사소통 기술뿐만 아니라 대화의 감정적 측면까지 함께 훈련하며 보다 심화된 외국어 학습을 경험할 수 있도록 한다.

AI와 한의학?

감정 인식 기술의 활용

최근 AI는 음성 신호를 통해 화자의 억양, 발화 속도 변화와 같은 음성적 특징을 포착하고, 시각적 정보를 바탕으로 미세한 얼굴 표정에서의 변화를 읽어 냄으로써 화자의 감정을 식별할 수 있게 되었다. 이러한 청각적, 시각적 양식의 여러 정보는 멀티모달 방식으로 결합하여 보다 정교한 감정을 전달한다.

먼저 텍스트 기반 감정 분석의 경우, 문체나 단어 선택을 통해 저자의 감정과 의도를 파악할 수 있다. 예컨대 SNS 댓글이나 인터넷 게시글 등에서 작성된 담화를 분석하여 특정 대상에 대한 긍정적, 부정적 정보를 확인할 수 있다. 이와 같은 긍정적 · 부정적 정보 분석은 고객 리뷰 평가나 마케팅 전략 수립에 직접적으로 활용될 수 있다. 또한 AI 챗봇이 화자의 불만을 감지하고 빠르게 해결책을 제안하거나 SNS 댓글에서 부정적인 반응을 자동 필터링할 수 있다. 이전의 텍스트 감정 분석 기술이 주로 감정 어휘 분석에 제한된 것과 달리, 최근에는 거대 언어 모델을 통해 담화 상황 맥락을 고려하여 보다 정교하고 세밀하게 감정을 분류할 수 있게 된 것이다. 특히 GPT-4.5 모델의 경우 방대한 양의 학습을 통해 맥락과 뉘앙스에 대한 이해 능력이 향상되면서 상당 부분 인간의 판단에 근접한 정확도로 텍스트 내 감정 인식이 가능해졌다.

아울러 음성 기반 감정 분석으로 말의 내용뿐 아니라 목소리 톤, 발화 속도, 강도 등의 음성 신호를 분석하여 화자의 감정을 예측할 수 있게 되었다. 가령 목소리 톤이 높고 발화 속도가 빨라지면 긴장이나 흥분의 감정을 나타낼 가능성이 크다. 반면 발화 중간의 휴지가 길어지고 음절 발화의 길이가 늘어지면 낙담이나 피로를 나타낼 수 있다. 이러한 음성적 특징을 통해 감정을 예측하는 음성 감정 인식(speech emotion recognition)은 최근 딥러닝 기반 음성 분석 모델의 발전 덕분에 높은 정확도로 감정을 분류할 수 있게 되었다. 실제로 콜센터 상담 시 고객의 감정 변화를 실시간으로 감지해 상담원에게 즉각적인 대응 가이드를 제공하거나, 헬스케어 분야에서 환자의 심리 상태를 모니터링하는 등 다양한 고객 서비스 영역에서 실용적으로 활용될 수 있다.

시각적인 이미지 측면에서도 웹캠이나 스마트폰 카메라 영상으로 사람의 눈썹이나 입꼬리 등 미세 근육 패턴을 분석함으로써 감정을 판별할 수 있다. 방대한 양의 얼굴 표정 데이터를 학습하여 영상 속 사람의 미묘한 감정과 주의 상태를 실시간 매핑할 수 있게 된 것이다. 이는 자율주행 자동차에서 운전자의 졸음을 감지하고 경고성 신호를 준다거나 고객의 얼굴 표정을 분석하여 광고 효과를 측정하고 개선하는 등 다양한 영역에서 활용 가능하다. 그리고 텍스트, 음성, 영상 정보를 융합한 멀티모달 통합 감정 인식을 통해 다양한 경로로 수집된 복합적인 정보를 동시에 분석하고, 더욱 정확한 감정 분석을 시도할 수 있다.

이러한 감정 인식 기술의 발전은 학습자와 AI가 상호작용하는 과정에서 보다 정서적으로 안정된 학습 환경을 조성하여 학습 지속성을 높인다. 예컨대 AI 기반 감정 인식 튜터가 학습자의 목소리로부터 긴장이나 주저함 같은 부정적인 감정을 감지하여, 농담이나 쉬운 질문으로 긴장을 완화할 수 있다. 또한 문화적 맥락에서 오고 갈 수 있는 감정적 메시지 전달과 이해 과정을 보다 의미 있게 연습, 훈련할 수 있다. 이와 같은 AI의 감정 인식 기술을 활용한 외국어 말하기 연습 환경은 학습 과정에서의 심리적 탄력성을 높여 주며 인지적 · 정의적 측면을 통합해 행위적 측면에서의 언어 수행이 더욱 원활히 이루어질 수 있도록 한다.

상호문화 의사소통을 위한 공감적 대화 훈련

외국어 학습은 서로 다른 문화권과의 상호작용 속에서 문화적 차이를 이해하고, 감정적 존중과 공감을 함양하는 과정을 포함한다. 이러한 이유로 글로벌 사회에서는 상호문화 능력, 상호문화 감수성이 필수적인 조건이 되었다. 그리고 이러한 역량을 길러 나가는 출발점은 자신의 문화를 낯설게 바라보고 상대적인 시각으로 재해석하는 과정으로, 이는 곧 제3의 문화 정체성(Third culture identity)을 형성하는 문제와 직결된다.

서로 다른 문화적 배경을 지닌 대화 참여자는 낯설고 이질적인 타자와의 상호작용 속에서 감정 표현과 해석의 차이로 인해 오해나 편견, 고정관념을 불러일으킬 수 있다. 따라서 문화 간 의사소통에서는 감정적 측면이 상호문화적 태도로서 훈련되어야 한다. 의사소통 과정에서 타 문화에 대한 이해와 존중, 공감이 감정 표현과 해석에 중요한 영향을 미치기 때문이다.

이때 상호문화적 공감 능력, 즉 상호문화 감수성을 훈련하는 도구로 AI를 적극 활용할 수 있다. AI의 감정 인식 기술이 다각적으로 발전하면서 학습자의 감정을 파악하고 적절하게 대응하는 개인 맞춤형의 공감적 언어 학습을 할 수 있게 되었기 때문이다.

구체적으로, 대화형 인공지능과 시뮬레이션 기반 역할극을 수행하며 상호문화 간 감정 공감 훈련이 가능하다. AI가 다양한 문화적 배경의 캐릭터를 설정하여 각기 다른 문화적 맥락을 제공하면, 학습자는 이 가상적 환경에서 특정 상황에 적합한 감정 표현과 상대방의 입장을 고려한 대화를 연습할 수 있다. 이때 학습자는 실제 문화적 맥락이 나타나는 대화형 시나리오 안에서 상황 맥락별로 요구되는 언어 기술을 사용하면서 문화적 미묘함을 이해하고 반응하는 능력을 훈련하게 된다. 가령 독일 비즈니스 환경에서 협상하는 시뮬레이션을 연습하거나 사회적 합의 등의 상황 시나리오를 훈련하면서, 실제 문화 간 의사소통 상황에서 고려해야 할 관행과 규범을 경험한다.

또한 AI와의 대화에서 특정 상황의 감정적 측면을 질문하고 관련 정보를 확인하여, 자문화 중심적인 인식이 전제되어 있지는 않은지 타자의 관점에서 성찰하고 공감하는 훈련을 할 수 있다. 실제 원어민과의 대화에서 체면 위협(face-threatening) 가능성이 높은 민감한 주제들을 AI와의 상호작용 환경에서 사전 연습하면서, 문화 간 의사소통에서 발생할 수 있는 민감한 상황들을 미리 대비할 수 있다. 단순히 타 문화에 대한 지식을 학습하는 것이 아니라 외국인과의 상호작용에서 느낄 수 있는 정서적 편안함, 공감적 상호작용을 위한 실질적 능력을 향상시킬 수 있는 것이다.

이 과정에서 학습자는 공감적 대화를 체득하며 상호문화적 감수성을 향상시키고 타 문화와의 교류에서 공감 능력을 실천적으로 발휘하게 된다. 결과적으로 학습자는 상대적 시각에서 의사소통 상황을 인식하며 타 문화를 이해 및 공감함으로써 제3의 문화 정체성, 즉 상호문화 정체성을 형성하게 되는 바탕을 마련한다. 다양한 문화적 상황에 유연하고 공감적으로 반응할 수 있는 역량을 함양하게 되는 것이다.

참고문헌

Bennett, M. J.(2017). Developmental Model of Intercultural Sensitivity. In Y. Y. Kim(Ed.), *The International Encyclopedia of Intercultural Communication* (n.p.). Malden, MA: Wiley-Blackwell.

Byram, M.(2020). *Teaching and Assessing Intercultural Communicative Competence: Revisited*, Multilingual Matters.

Klimova, B. & Chen, J. H.(2024). The Impact of AI on Enhancing Students' Intercultural Communication Competence at the University Level: A Review Study, *Language Teaching Research*, 43, 102-120.

Xia., Y., et al.(2024), Cross–Cultural Intelligent Language Learning System (CILS): Leveraging AI to Facilitate Language Learning Strategies in Cross–Cultural Communication, *Applied Sciences–Basel*, 14(13), 5651–5678.

09
AI 말하기와 성찰적 메타인지

AI 기반 외국어 학습 환경에 대한 학습자의 성찰적 메타인지는 자신의 언어 능력을 객관적으로 평가하고 개선하는 데 핵심적인 역할을 한다. 또한 '자아 인식'에 대한 새로운 관점을 제공하며 외부 세계와의 의미 있는 연결을 확장한다. 이는 단순한 지식 습득을 넘어 학습자 개인의 관점과 언어 학습의 전반적인 질을 향상시킨다.

AI와 화장품?

메타인지와 언어 학습

메타인지는 학습자가 목표 언어를 효과적으로 학습하고 사용하는 데 필수적인 요소로, 언어 학습의 다양한 측면에서 중요한 역할을 한다. '사고에 대한 사고(thinking about thinking)'라는 의미를 지닌 메타인지(Metacognition)는 자신의 인지적 과정을 감시하고 조절하는 능력을 일컫는데, 학습자가 자신의 학습 과정을 계획, 모니터링, 평가하는 데 필요한 능력이다. 즉 학습자가 자신의 학습 과정을 인식하고 조절하며 언어 습득의 효율성을 높일 수 있도록 하는 것이다.

예를 들어 다음과 같은 학습 과정으로 메타인지를 활용할 수 있다. 학습 과정 첫 단계로 과제 수행 전에 학습 목표와 학습 계획을 수립하고 필요한 자원을 파악하여 학습 전략을 세운다. 그리고 과제 수행 중에는 학습 진행 상황을 파악하며 조정이 필요한 부분을 지속적으로 점검한다. 마지막으로 과제 수행 후에는 학습 결과를 평가함으로써 향후 과제를 위한 개선 방안을 모색한다.

이처럼 학습 '과정'에서 일종의 '제어 역할'을 하는 메타인지는 유의미한 연습과 반복적인 회고를 하여 외국어 학습의 전반적인 질을 향상시킨다. 특히 말하기 과정에서의 메타인지적 자기 성찰은 자신의 발화를 객관적으로 평가하고 판단하는 의식적 자기 조정의 과정이 된다. 학습자 스스로 자신의 발화 방식과 개선점에 대해 메타인지적으로 분석하면서 능동적이고 성찰적으로 외국어 발화에서의 오류를 개선할 수 있기 때문이다. 그러면서 학습자는 자신이 발화한 내용을 점검하면서 외국어 발화에 대한 자기 확신을 가지게 된다.

또한 메타인지적 접근을 통해 자기 발화를 성찰하는 과정은 학습자에게 언어적 표현뿐만 아니라 대화 상황과 화자-청자 관계 등의 다양한 대화 구성 요소와 원리를 재인식하게 한다. 실제성(authenticity)과 전형성(typicality)을 갖춘 대화 상황을 다양하게 경험하며 실제 대화와 같은 자발적 몰입과 능동적 수행을 경험할 수 있는 것이다.

예컨대 학습자는 스스로 대화 목적과 발화 의도를 설정하여 자신의 이야기와 경험을 담은 진정성 있는 대화로 발전시킬 수 있다. 이에 대한 연습이 익숙하지 않을 때는 표면적인 담화 구성에 따라 관련 내용을 열거하는 데 그쳐 단순히 과제를 수행하기 위한 상황 대화 연습만 할 수 있다. 그러나 반복적인 성찰적 과제 수행을 거치면서 대화 목적과 발화 의도에 대한 이해가 깊어지고 대화 참여자, 배경, 내용을 의미 있게 조직하고 구성하는 능력을 향상시킬 수 있다. 이는 단지 기술적 상호작용에 그치지 않고 대화의 목적과 청자의 의도를 명확히 파악하여 의미를 창출하고 조직하는 과정이 된다.

아울러 메타인지적 접근은 문화 간 의사소통 상황에서 발생할 수 있는 문제를 효과적으로 해결할 수 있도록 한다. 실제적 문제를 메타인지적으로 분석하고 목표 상황에서 요구하는 언어 지식을 효과적으로 사용함으로써 말하기 과정을 조율할 수 있다. 이는 학습자의 언어 처리 과정과 문제 해결 능력을 고루 향상시켜 유의미한 의사소통 과정을 경험하게 한다. 학습자의 자기 주도적인 문제 해결로 효율적인 언어 학습이 이루어질 수 있는 것이다.

이처럼 메타인지적 접근은 학습자가 자신의 학습 과정을 성찰하고 개선 방안을 모색하게 한다는 점에서 '자기 성찰'적 성격을 지닌다. 학습자가 목표 언어를 효과적으로 사용하는 데 필요한 학습 전략을 선택하고 적용하도록 하여 전략적이고 효율적인 학습이 가능하도록 하는 것이다. 결국, 메타인지는 외국어 학습 전 과정에서 과제의 본질적 특성을 이해하고 문제 해결 상황으로 지식을 전이하는 능력을 향상시킨다는 점에서 교육적 의미가 있다.

AI를 활용한 언어 능력의 반성적 성찰

메타인지는 학습자 자신의 사고 과정을 인식하고 조절하는 능력으로, 언어 학습 과정에서 매우 중요한 역할을 한다. 이러한 중요성에도 불구하고 전통적인 언어 교육에서는 교수자가 중심이 되어 학습자의 메타인지 전략을 지원하는 경우가 많았다.

그러나 최근에는 AI를 활용하여 학습자가 보다 효율적으로 자신의 학습 과정을 인식하고 조절할 수 있게 되었다. 학습자가 자기 조절 학습을 촉진하면서 학습 자율성과 동기를 강화할 수 있게 된 것이다.

구체적으로, AI를 활용하여 외국어 학습에서 요구되는 인지적 · 정의적 측면의 언어 능력을 효과적으로 향상시킬 수 있게 되었다. 먼저 인지적 측면에서는 대화 로그를 통해 의사소통 과정에서의 의식적 사고 흐름을 반성적으로 검토하고 핵심 내용을 재구성함으로써 보다 목표 언어에 맞는 학습을 할 수 있다. 예컨대 AI와 상황 대화 연습을 한 후, 기록된 대화 로그 내용을 중심으로 대화 주제 전환 시점 등에 대한 정보를 확인한다. 그리고 그 과정에서 학습자 자신이 왜 이 단어를 선택하여 발화했는지, 자신의 발화에 대한 상대방의 반응은 어떠했는지 등에 대한 자기 반성적 질문을 하면서 외국어 발화 능력 향상을 위한 자기 평가 과정을 가진다. 이는 학습자가 선택한 발화 구조나 내용에 대해 자기를 점검하는 질문을 함으로써 학습자 스스로 외국어 능력의 정확성, 유창성, 적절성을 검토하는 과정이 된다.

이처럼 자기 점검과 피드백을 통한 반성적 성찰은 학습자가 언어 표현을 신중하게 선택하고 긴 문장도 올바르게 구사할 수 있도록 돕는다. 또한 자신의 말하기 습관을 보다 정확하게 인식하고, 반복적인 실수를 줄이면서 자연스러운 외국어 발화를 연습할 수 있게 한다. 아울러 AI의 발화 속도에 맞춰 빠르게 사고하고 반응하는 연습을 함으로써 상호작용 과정에서 필요한 '사용'으로서의 언어를 효과적으로 연습할 수 있다. 단순한 언어 오류 수정에서 더 나아가 전반적인 의사소통 전략의 메타인지적 훈련을 할 수 있게 되는 것이다.

한편, 정의적 측면에서도 문화 간 의사소통 상황에서 요구되는 성찰적 태도와 반성적 성찰 능력을 기를 수 있다. 예를 들어 상호문화적 대화 시뮬레이션을 통해 학습자는 다양한 문화권의 의사소통 방식을 경험하며 각 문화의 공손성 인식 차이와 언어 표현의 차이를 체득한다. 이때 문화적 딜레마 상황을 다룬 시나리오를 분석하면서 의사소통 과정에서 자신의 감정과 태도를 점검하고,

더 적절한 표현과 대응 방식을 선택하는 훈련을 할 수 있다. 이 과정에서 AI는 문화적 편향 지표와 대체 표현을 제공하여, 학습자가 자신의 발화를 돌아보고 오해나 편견의 가능성을 인식할 수 있도록 돕는다. 그리고 "왜 상대방이 특정 발언에 대해 부정적으로 반응했는가"와 같은 질문을 함으로써, 자신의 문화적 편향성을 발견하고 상대방의 문화적 관점을 더 깊이 공감할 수 있는 능력을 개발할 수 있다.

결국 AI는 문화 간 의사소통 상황에서 학습자의 성찰적 사고를 촉진하는 중재자 역할을 수행하며, 학습자가 상호문화 인식과 감수성을 기르고 반성적 성찰 능력을 심화할 수 있도록 한다. 학습자가 외국어 의사소통 능력 향상뿐만 아니라 세계 시민으로서 요구되는 상호문화 정체성 형성을 위한 과정을 훈련할 수 있도록 하는 것이다.

AI의 잠재적 편향성 극복을 위한 성찰

인공지능 기반 학습 환경은 학습자의 언어 능력을 향상시키는 강력한 도구로 자리 잡았으나 AI의 잠재적 편향성 문제는 지속적인 우려의 대상이 되고 있다. AI 모델의 편향성은 학습 데이터의 불균형이나 데이터 내에 포함된 특정 표현의 빈도 차이에서 비롯된다. AI가 학습하는 데이터 자체가 인간 사회의 편견이나 편향성을 포함하고 있으므로 그 데이터에서 학습한 AI 시스템 역시 의도치 않게 이러한 편향성을 재생산할 가능성이 존재한다.

가령 문화적 맥락을 무시한 서양 중심의 감정 분석, 영어 중심의 비원어민 학습자의 어휘 다양성 및 적절성의 부자연스러움, 표본 추출 오류로 인한 얼굴 인식 시스템의 인종별 정확도 편차, 직업적 활동 및 가사 노동에 대한 성별 편향 사례 등은 언어 학습 맥락에서의 편향성 문제를 야기한다. 이는 특정 문화, 성별, 인종, 사회적 배경에 대한 왜곡된 인식을 강화하거나 고정관념을 지속시킬 위험이 있다.

또한 AI에 대한 의존도가 높아질수록 학습자를 위한 도구로서의 AI가 오히려 학습 지배적인 힘으로 작용할 수 있다. 과도한 AI 의존은 학습자의 비판적 사고에 큰 타격을 주고 학습자를 수동적인 지식 습득자로 전락하게 해 오히려 학습의 주도권을 잃게 하는 역효과를 낳을 수 있다. 그러므로 이를 위한 메타인지적 접근으로 학습자는 AI와의 상호작용 과정에서 나타난 잠재적 편향성을 지속적으로 점검하고 분석해야 한다. AI를 활용한 언어 학습 환경에서는 편향성을 인지하고 이를 적극적으로 교정하는 성찰적 접근이 필수적인 것이다.

이를 위해 학습자는 학습 능력 향상을 위한 도구로서 AI를 활용하면서도 '사전 성찰－과제 수행 중 성찰－사후 성찰'을 통해 AI로 인한 편향을 인식하고 경계하는 훈련을 병행해야 한다. 먼저 AI가 출력한 정보를 받아들이기 전에 '어떠한 근거로 AI가 이 언어 표현을 선택했는가?', '어떠한 기준에서 AI가 이 문화 내용을 제시했는가?'와 같은 반성적 질문을 스스로에게 던지면서 AI가 제공한 내용을 비판적으로 점검해야 한다.

이와 같은 반성적 질문은 AI가 제시하는 표현의 내재된 가정을 드러내고, 편향성이 발생한 원인을 규명하는 데 도움을 준다. 또한 AI와의 상호작용 과정에서 반복적으로 나타나는 편향성 문제를 인식하고, 그러한 문제의 근본적인 원인이 어디에서 비롯되었는지, 성별, 인종, 학문 분야의 다양한 특성을 균형 있게 포함하고 있는지, 특정 집단이 과소 대표되지는 않았는지를 살펴봐야 한다. 이는 성찰 일지(reflective journaling)를 작성하며 반성적으로 검토 가능하다.

만일 다수의 학습자들이 참여하는 외국어 학습 환경일 경우, 학습자들끼리 그룹 활동을 통해 서로의 관점과 해석을 비교하고 토론하면서 보다 깊이 있는 성찰을 이끌어 낼 수 있다. 가령 학습자 스스로 학습 자료와 관련된 다양한 프롬프트를 직접 생성해 보고, 다른 학습자가 생성한 프롬프트와 비교해 봄으로써 AI의 부정적 측면을 파악하고 미리 경계할 수 있다.

또한 대화형 인공지능에 특정 인격(persona)이 부여될 경우 편향적인 정보를 생성할 가능성이 높아진다는 점 또한 유념해야 한다. 그러면서 상황 대화 연습에서 ChatGPT, Gemini, Claude 등 여러 대화형 AI를 비교 분석함으로써 외국어 학습에서의 편향적 인식을 경계할 수 있다.

결국 AI의 잠재적 편향성을 극복하기 위해서는 외국어 학습 과정과 AI 기술의 한계를 모두 고려한, 지속적이고 다층적인 성찰적 메타인지 활동이 병행되어야 한다. 특히 학습자는 단순히 AI가 제공하는 결과물을 수용하는 것이 아니라 비판적이고 분석적인 태도를 유지하며 AI와의 상호작용 속에서 드러나는 편향성과 한계를 인식하고 교정해야 한다. 그러면서 균형 잡힌 언어 능력과 비판적 사고력을 동시에 발전시키며, AI를 보다 윤리적이고 효과적으로 활용할 수 있는 역량을 갖출 수 있어야 한다.

참고문헌

Kim, S. J. & Lee, J.(2023). The Effect of Voice-enabled ChatGPT on Speaking Proficiency, Affective and Metacognitive Domains of Korean EFL Learners, *Journal of Research in Curriculum & Instruction*, 27(4), 344-359.

Sidra, S. & Mason, C.(2024). Reconceptualizing AI Literacy: The Importance of Metacognitive Thinking in an Artificial Intelligence(AI)-Enabled Workforce, *2024 IEEE Conference on Artificial Intelligence(CAI).*

10
AI와 인간의 언어적 공진화

AI와 인간은 언어를 중심으로 상호 보완적 관계 속에서 공진화하고 있다. AI는 인간의 언어 사용을 확장시키고, 인간은 그 과정에서 더 깊이 있는 의미 생성과 소통 방식을 모색하며, 비판적 사고와 공감 능력 등 인간 고유의 역량을 더욱 진화시켜 나간다.

종교와 AI?

인간 중심 언어 학습의 미래

AI 기술이 외국어 학습 환경에 가져온 혁신적인 변화에도 불구하고 AI 기반 학습 시스템은 여전히 근본적인 한계와 문제점을 갖고 있다. 특히 데이터 편향성, 세밀한 맥락적 뉘앙스 이해의 어려움 등은 AI 기술의 본질적 한계로 지적된다. 또한 지나친 AI 의존은 인간의 창의적 문제 해결 능력과 비판적 사고를 약화할 수 있다는 점에서 문제가 되고 있다.

이를 극복하기 위해서는 인간의 반성적이고 성찰적인 사고 능력이 요구된다. 비판적 AI 리터러시 훈련을 통해 성찰적 교육 프레임워크로 AI 데이터를 해체하여 검토하고 다중 관점에서 비교 분석함으로써 AI의 한계를 극복해 나가는 태도가 필요한 것이다. 이는 인간 중심의 AI 외국어 학습이 기술적 효율성과 인문적 가치의 조화를 바탕으로 제시되어야 한다는 것을 함의한다. 그리고 외국어 학습에서 AI 활용이 학습자의 인지적 · 정의적 · 행위적 성장을 지원하되 인간의 자율성을 침해하지 않는 선에서 윤리적으로 공존해야 한다는 것을 의미한다. 또한 문화적 다양성을 반영한 다층적 데이터 처리로 맥락적 적응성을 고려하며 활용될 수 있어야 한다. AI가 출력하는 언어적 정보들에 대한 반성적, 비판적 성찰 학습 시스템이 인간중심주의와 인권을 고려하는 바탕에서 이루어져야 하는 것이다.

그러나 다른 한편으로, 인공지능 AI와 관련하여 인간중심주의를 어느 정도까지 요구할 수 있는가에 대한 문제가 유네스코 인공지능 윤리 권고 지침을 제정할 때 제기된 바 있다. 인공지능의 특성상 인공지능 관련 결정에서 인간이 항상 주도권을 가져야 한다고 보는 것은 인공지능의 효율성을 저해하는 역효과를 야기할 수 있다고 본 것이다. 그리고 인간 중심주의적 사고로 인해 오히려 다양한 환경과 생태계에 부정적인 영향을 미쳤다는 비판도 제기되었다.

그러나 인간의 가치가 인공지능 개발 및 활용 과정에서 존중되어야 한다는 것은 대부분의 국제 AI 윤리 논의에서 수용한 사실이다. 인간 중심의 기본 토대는 강조하되 여러 가치와 원칙과의 충돌 가능성은 간과하지 않고 관련 사안을 면밀히 검토하여 적절한 해결책을 책임 있게 모색해야 한다고 본 것이다. 이는 곧 인간과 AI의 협력 과정에서 '메타인지적 사고 능력'이 의사 결정 및 작업 성과 향상에 필수적이며, 교육 및 훈련 프로그램에 적극 반영되어야 한다는 것을 의미한다. 그리고 AI 활용은 인간의 인지적 특성을 보완하는 방향에서 이루어져야 한다는 것을 시사한다. 인간의 언어 학습 또한 기본적으로 인간 중심주의적 토대 위에서 이루어져야 함을 재확인하게 되는 것이다.

AI-인간 공진화를 통한 언어 교육의 미래

인공지능 기술의 발전은 외국어 교육 환경에 개인화 학습과 효율성 증대라는 혁신을 가져왔다. 그러나 이러한 기술적 진보가 오히려 인간 고유의 인지적 · 정의적 · 행위적 역량을 약화시킬 수 있다는 우려가 제기되면서, AI를 인간의 능력을 보완하고 강화하는 방향으로 활용해야 한다는 과제가 대두되고 있다.

AI는 학습자에게 개별 맞춤형 피드백과 즉각적인 상호작용 환경을 제공함으로써 언어 습득 과정을 보다 효율적으로 지원할 수 있다. 이러한 AI의 강점을 활용하되 단순히 효율성 추구에 머물지 않고 인간 고유의 창의적 사고와 비판적 분석 능력을 더욱 발전시키는 촉매 역할을 하도록 설계되어야 한다. 반복적 학습이나 기초적 피드백 제공과 같은 기계적 영역에서 AI의 효율성을 적극 활용하는 동시에, 문화적 맥락 이해, 창의적 표현, 비판적 사고와 같은 고차원적 언어 능력 영역에서도 AI가 인간의 사고를 자극하고 새로운 관점을 제시하는 협력적

파트너 역할을 수행할 수 있도록 해야 한다. 그리하여 인간이 AI의 다양한 정보 처리 능력과 분석적 지원을 바탕으로 자신만의 독창적 사고와 표현 능력을 더욱 심화시키고 발전시킬 수 있도록 하는 것이 중요하다. AI와 인간이 서로의 강점과 한계를 인식하면서 상호 보완적으로 공진화(co-evolution)하는, 외국어 교육의 지속 가능한 미래를 구상할 필요가 있는 것이다.

구체적으로, 학습자는 AI가 제공하는 자동화된 반복 연습(drill), 즉각적인 오류 교정, 개인 맞춤형 어휘 및 문법 연습 프로그램을 활용하여 언어의 정확성, 유창성을 향상시키고 목표 언어 공동체가 용인하는 외국어 사용의 적절성을 효율적으로 증진할 수 있다. 이러한 AI의 활용은 언어 형식적 측면에서 기본적인 의사소통 능력을 체계적으로 강화하는 구체적인 방안이 된다.

또한 교사는 AI의 분석 기능을 활용하여 특정 맥락에서 제2외국어 학습을 형성하는 신념을 이해하고 그와 관련된 의사소통 실패 요인을 검토할 수 있다. 그리고 학습 과정 전반에 걸쳐 학습자의 외국어 사용 패턴을 보다 쉽고 정확하게 식별함으로써, 객관적인 정보에 입각한 교육 내용과 방안을 개발할 수 있게 된다. 나아가 언어 기술과 비언어적 기술을 통합적으로 교육하는 측면에서도

AI를 적극 활용할 수 있다. 교사는 다양한 자동화 시스템과 디지털 도구를 활용하여 관련 학습 이론과 원칙, 기술 통합 프레임워크를 토대로 교실 안팎에서 외국어 학습을 촉진할 수 있다.

다만 이러한 과정이 단순히 기술 의존적 환경으로 흐르지 않기 위해서는 학습자와 교사 모두 비판적이고 반성적인 사고(reflective thinking)를 바탕으로 외국어 학습 환경을 조성해야 한다. AI가 생성한 결과물을 수동적으로 수용하는 것이 아니라, 메타인지적으로 비판적 성찰을 하고 재구성할 수 있는 능력을 키워 나가야 하는 것이다. 그리하여 AI와 인간의 상호 보완적 협력이 인간 본연의 능력을 심화하는 방향으로 나아갈 수 있도록 해야 한다.

앞으로 AI가 지속적으로 진화함에 따라 더욱 흥미롭고 혁신적인 형태의 인간-기계 협업이 등장할 것으로 예상된다. 교육 분야에서의 요구 사항과 역학 관계가 변화하면서 기존 인력들이 AI와 능숙하게 협업할 수 있도록 하기 위한 많은 노력들이 요구되고 있다. 우리는 외국어 교육, 학습 및 평가에서 다음의 질문을 자성적으로 해 볼 필요가 있다. 외국어 학습에서 의미 있고 생산적인 AI 활용은 무엇인지, 어떤 유형의 인간-AI 협업이 윤리적인 것인지, 교사는 AI를 수업에서 어떻게 원활하게 통합할 수 있는지, 학습자가 AI 사용에서 메타인지적 성찰을 함양할 수 있도록 하기 위한 구체적인 방안에는 무엇이 있는지, 더 나아가 의미 있는 인간-AI의 공진화가 이루어지기 위해서는 무엇이 고려되어야 하는지 등에 대한 성찰적 고민이 필요할 것이다.

참고문헌

Meniado, J. C.(2024). Human–Machine Collaboration in Language Education in the Age of Artificial Intelligence, *RELC Journal*, 55(2), 291–295.

Qassrawi, R. & Karasneh, S. M. A.(2025). Redefinition of human–centric skills in language education in the AI–driven era, *Studies in English Language and Education*, 12(1), 1–19.

Thorne, S. L.(2024), Generative artificial intelligence, co–evolution, and language education, *The Modern Language Journal*, 108(2), 567–572.

박소연

현재 연세대학교 언어정보연구원 연구교수다. 연세대학교에서 "한국어 공손성 인식 연구"로 박사 학위를 받았다. 한국어 교육 및 한국학을 전공해 카이스트, 충남대학교, 공주대학교, 전북대학교 등에서 예비 한국어 교사와 외국인 유학생을 대상으로 한국어와 한국 문화를 강의했다. 주로 한국 언어문화, 문화 간 의사소통에서의 문화적 편향성, 공손성을 중심으로 상호문화 의사소통에서의 교수·학습 내용 및 방안에 대해 연구했다. 국제한국언어문화학회에서 신진연구자상을 수상한 바 있으며, 주요 저서 및 논문으로는 《한국어교육자를 위한 문화교육의 이론과 쟁점》(2024), "가상현실(VR)을 활용한 상호문화 수업 모형 설계와 적용"(2024), "대화형 인공지능(ChatGPT)을 활용한 대화 연습 모형 개발"(2024), "예비 한국어 교사를 위한 PBL 기반 상호문화교육 방안 연구"(2023) 등이 있다.